HAUT
LES CŒURS !

VALÉRIE MISSOFFE
ISABELLE VIELLARD

HAUT LES CŒURS !

Se réinventer après une séparation

Les Presses de la Cité

Les Presses de la Cité, un département Place des Éditeurs
92, avenue de France – 75013 Paris

ISBN 978-2-258-20716-5
Dépôt légal : avril 2024

À nos enfants,
William et Alexandre,
Thibaut, Ariane et Clara

SOMMAIRE

PRÉFACE

Unis, pour le meilleur et pour le pire, pour la vie entière. On y a cru. On s'est engagé, on a signé.

Mais si vous lisez ce livre aujourd'hui c'est sans doute que, comme tant d'autres, votre couple s'est brisé.

Nous sommes actuellement des milliers à avoir vécu à deux, marié au pacsé pendant des années, à avoir partagé de grands moments de bonheur mais aussi des moments de doute, de tension, à avoir parfois traversé des orages. Nous avons tenté de les surmonter. Pour préserver notre famille, nos enfants. Parce qu'on ne divorce pas à 50, 60, 70 ans. Et pourquoi pas à 90 ans, pendant qu'on y est ?

Nous avons tenté de comprendre ce qui nous arrivait en nous plongeant dans des livres de psychologie, en discutant de nos problèmes avec nos amis. Certains d'entre nous ont allumé des cierges, d'autres ont fait brûler de la sauge. D'autres encore ont suivi des séances de psychothérapie de couple.

Nous avons essayé de comprendre. Comment est-ce possible ? Que puis-je faire ?

Nous pensions vieillir ensemble ; pas forcément main dans la main, mais au moins côte à côte. Eh bien non. Impossible de supporter plus longtemps la situation. La décision – commune ou pas – a été prise : il faut divorcer.

Quelles que soient les origines de cette mésentente, notre cœur est en berne, notre corps souffre depuis des mois : insomnie, mal au ventre, au dos, perte de l'appétit... Un jour, enfin, notre cerveau nous dit : « Vas-y, pars. C'est fini, ça ne peut plus durer. »

Nous sommes alors submergé par une vague d'émotions, un véritable tsunami affectif. Notre tristesse dépasse de loin le degré 9 de l'échelle de Richter. On s'engouffre dans un tunnel de souffrances dont il faut trouver l'issue.

Le temps y fait beaucoup, la raison aussi.

Le parcours ne sera pas un long fleuve tranquille, mais gardez en tête qu'après avoir été terrassé par la douleur, envahi de doutes, englouti dans l'océan de vos larmes, après avoir finalement pris le temps d'un retour sur soi, il sera possible de voguer sereinement vers une liberté retrouvée. Et même, qui sait, vers le bonheur.

Où est le bonheur ? En fait il est là.

Ce livre s'adresse à tous ceux qui viennent de se séparer après des années de vie commune. Étape par étape, de la porte qui se ferme aux premiers jours sans l'autre, des moments de douleur et de tristesse aux premiers pas vers une nouvelle vie.

C'est un message d'espoir adressé aux couples qui divorcent, quelle qu'en soit la cause.

À ceux, nombreux, pour qui l'infidélité a été le déclencheur.

À ceux, épuisés par l'égoïsme de l'autre, qui ont vu leur couple se dégrader par manque de considération, de soutien, d'affection.

Aux couples qui se sont progressivement éloignés après des années passées ensemble, pour qui les défauts de l'autre sont devenus insupportables, l'envie de séduire inexistante.

À ceux détruits par des comportements abusifs, voire toxiques : jalousie, perversité, violences physiques ou verbales...

Mais aussi à ceux qui se séparent car ils ont une vision divergente de l'avenir ou qu'ils ne partagent plus les mêmes valeurs, n'ont plus ni envies ni rêves en commun, pour qui la routine est devenue synonyme d'ennui.

À ceux encore qui n'ont rien vu venir, trop préoccupés par leur travail pour consacrer à leurs proches le temps indispensable à l'équilibre de leur vie familiale.

À ceux, enfin, dont les problèmes financiers (endettement, chômage) ont détruit la cellule familiale.

Aucune histoire ne se ressemble, et il n'y a pas de façon unique d'appréhender cette situation. Mais il y a toujours un chemin qui mène vers un horizon plus clair.

Dans chaque chapitre, on retrouve :

- Un mode d'emploi pour aider les divorcés à construire leur nouvelle vie avec des analyses, des commentaires personnels et des conseils de spécialistes (psy, juriste, coach).
- Des témoignages drôles, tristes, émouvants et sincères de femmes et d'hommes qui se sont séparés après des années de vie commune et partagent leur parcours initiatique post-rupture.
- Des chansons, des citations, des ouvrages ou encore des films adaptés à chaque émotion, étape ou moment traversé.

1

ÉCHEC ET MAT

La fin d'une histoire, d'un idéal, d'un rêve…

… en chansons :

> « **Avant de nous dire adieu** », Jeane Manson
> « **Ne me quitte pas** », Jacques Brel
> « **Tout** », Lara Fabian
> « **Et maintenant** », Gilbert Bécaud

Selon l'INSEE, près d'une union sur deux se termine par un divorce.

« La Chanson des vieux amants », « Avant de nous dire adieu », « Ne me quitte pas »… La liste des chansons qui évoquent une séparation est longue. Pas besoin de grands discours, les titres sont assez évocateurs.

Quand on a que le désamour à s'offrir en partage, la vie de couple devient compliquée. Voire impossible. À 50 ans, après des années de vie commune, après d'inévitables crises, on pensait s'en être sortis. On se disait : « On a bien fait de tenir bon », on se félicitait d'être passés au travers des orages. On a été de bons parents. On a essayé de donner à voir à nos enfants l'image du couple idéal. Du moins, notre vision du couple idéal.

On s'imaginait retraités, passant nos après-midis à jouer au backgammon, aux dames ou assis main dans la main sur un banc public pour nourrir les pigeons. Eh bien non, on jouera au Scrabble en ligne en écoutant le *Requiem* de Mozart, ou bien une playlist Spotify bien mélancolique. Difficile de s'imaginer autre chose, quand tout s'effondre.

Nous n'étions pas du tout programmés pour divorcer. Pourtant, aujourd'hui, le constat est là, nos chemins se séparent. Séparation de corps, mais pas forcément d'esprit. Cela prendra plus de temps.

Mais pourquoi ça m'arrive à moi ? Qu'est-ce que j'ai fait ? Non, ce n'est pas possible ! Mais quel gâchis !

Pourtant ça y est. C'est dit. On se sépare, tu pars, je te quitte, on est quittes. C'est comme ça. C'est fini, *it's over*, *è finito*, *se acabó*... Dans quelle langue faut-il le dire, comment l'accepter ?

Certains partent pour une nouvelle aventure. Séparation rime alors avec libération. Liberté retrouvée, en solo ou dans un couple tout neuf, tout frais. L'amour est de nouveau là. *Exit* les mensonges, les rendez-vous cachés, la double vie. Fini les reproches, l'indifférence. Du jour au lendemain, la vérité éclate. Le corps se réveille, les papillons dans le ventre reviennent. Le bonheur refait surface.

Ces émotions pétillantes n'empêcheront pas de traverser des moments de doute, de tristesse, voire de colère à l'idée d'avoir détruit les fondations de sa famille. Celle construite avec amour, patience et parfois sacrifice, celle à laquelle on a cru pendant des années.

Certains se sont retrouvés seuls après avoir déserté leur vie familiale et conjugale pendant toutes ces années de mariage. Ils se sont consacrés à leur vie professionnelle, avec pour objectif une réussite personnelle et sociale et l'envie de gagner suffisamment d'argent pour être libres de s'offrir l'existence dont ils avaient rêvé. Ils étaient trop peu impliqués dans la vie du foyer et les tâches ménagères, trop accaparés par leurs passions égoïstes. Alors, à force d'attendre l'absent, l'autre s'est lassé, et est parti avec les enfants.

Il y a ce fameux déclic : le mot, le geste, le comportement qui devient le point de rupture décisif, celui qui acte la fin de la relation. Une petite voix nous dit alors qu'on n'a plus le choix, que si on veut vivre mieux, vivre vrai, il faut se séparer. Il faut quitter cette vie dans laquelle on ne se reconnaît plus, où les compromis nous ont usés, les disputes laminés, où la lassitude et la routine nous ont éteints.

« ELLE EST PARTIE

Mariés depuis 25 ans, nous vivions, ma femme et moi, de belles années. Du moins, c'est ce que je pensais. Nous avions la chance d'avoir une vie agréable, sans problème de santé ni d'argent. Je la trouvais belle, drôle et vraiment j'avais hâte d'être grand-père pour que nous puissions partir ensemble en vacances avec nos petits-enfants.

Bien sûr, son côté un petit peu maniaque m'agaçait, bien sûr je trouvais qu'elle ne s'intéressait pas assez à moi. Elle ne me posait aucune question sur mon métier, ni sur mes amis, ni sur grand-chose en fait. Mais bon, j'en avais pris mon parti. Nous ne faisions plus d'activités ensemble. Elle voyait ses amies, je partais en rando vélo avec les miens. Ça m'allait, de toute façon je n'avais pas le choix. Ma femme ne m'a jamais proposé de

m'accompagner. Mais bon, RAS. À part qu'elle me reprochait toujours d'être trop lisse, trop naïf, trop lent. Trop tout, quoi !
J'avoue que je l'ai trompée. Deux fois, en vingt-cinq ans. Mais cela ne voulait rien dire. J'avais beaucoup de tendresse pour elle. Je pensais que ça lui convenait. Je pensais que nos enfants étaient heureux de nous voir ensemble. Je pensais que la plupart de nos amis vivaient la même chose. Nous ne nous disputions pas, nous formions une famille unie. Mais, il y a six mois, un soir en rentrant, elle m'annonce qu'elle me quitte : « Nous ne nous aimons plus, c'est juste plus supportable de faire semblant, je pars. » Pour qui, pourquoi ? Je n'en sais rien. Le dialogue est depuis impossible. Il l'a toujours été, en fait.
J'ai trouvé sa façon de faire d'un égoïsme sans nom, d'une violence inouïe. Pas un mot de plus, pas une explication. Le dossier est clos. « Trouve-toi un avocat, moi j'ai déjà le mien... »
Je n'ai pas eu le choix. J'ai essayé de lui parler, de comprendre. Porte close !
Aujourd'hui, je suis perdu. Mon cerveau fonctionne au ralenti. Je ne comprends rien. J'ai perdu toute confiance en moi. Je n'arrive plus à travailler. Je commence à boire, sûrement trop, pour oublier et pour ne plus souffrir.
Je squatte une chambre chez un couple d'amis. Sa femme m'insupporte même si elle fait tous les efforts du monde pour être sympa, pour essayer de m'aider. Mais en vrai, tout m'indiffère. Et je dis ça pour rester poli...

Il faut arrêter de penser pour l'autre. Même après des dizaines d'années de vie commune, il faut dire ce que l'on pense, ce que l'on ressent. Partager ses envies, ses besoins, ses émotions. Communiquer. Et surtout s'enlever définitivement de la tête que la pensée magique, ça fonctionne. Depuis le temps, ça se saurait. Penser à la place de l'autre, être déjà certain de ce qu'il va dire, ce qu'il va faire, ce qu'il ressent, de comment il va réagir, est une énorme erreur. C'est à l'origine de beaucoup d'incompréhension, de tristesse, de frustration, de colère, voire parfois de haine. Et souvent d'une rupture brutale.

« LA CRISE DE LA CINQUANTAINE

Après vingt-deux ans de mariage, à 55 ans, mon mari a voulu retrouver une nouvelle jeunesse. C'était sa crise de la cinquantaine, comme on dit. Il remettait en cause notre vie, recommençait à sortir avec ses potes, testait son pouvoir de séduction. Au début, je fermais les yeux et je pensais que ça lui passerait. Et puis, un jour, j'ai dit « Stop, je n'en peux plus de tous ces mensonges ». Un samedi matin, ç'a été la goutte de trop. Son téléphone sonne alors qu'il est en train d'accrocher laborieusement un tableau au mur. Je vois « Dominique » affiché sur l'écran. Je suis à côté, je décroche. En fait c'est une femme. Elle a une drôle de voix. Très gênée, elle me demande si Martin est là. Je m'entends répondre sèchement : « Non, il n'est pas là et ce n'est pas la peine de rappeler. » Mon mari descend de son escabeau et s'énerve. « Mais pour qui tu te prends de répondre à mon téléphone ? C'était qui ? » J'explose : « Encore une de tes maîtresses, je n'en peux plus de tes mensonges ! » « Mais tu racontes n'importe quoi, c'est une de mes collègues, on devait bosser ce week-end sur un dossier. Tu t'imagines n'importe quoi. » Ce coup de fil, puis sa réaction, ont été comme un coup de poignard. J'ai ouvert les yeux et enfin réalisé pourquoi j'étais mal depuis des mois. Je n'en pouvais plus, je me sentais trahie, humiliée. Vous ne pouvez pas imaginer à quel point ça fait mal. J'ai tout déballé, tout ce que je savais, ses sorties injustifiées, les appels qu'il passait planqué dans la salle de bains... Il a tout nié, ce qui m'a rendu encore plus dingue.

J'ai connu Martin à 19 ans, je me suis mariée à 21 ans. À 30 ans, j'ai mis ma carrière de côté pour élever mes trois enfants et permettre à mon mari d'évoluer professionnellement en toute sérénité. Je n'ai aucun regret. Être femme au foyer a été un plaisir, je dirai même une grande chance. Mais de là à accepter de faire un ménage à trois (c'est ce qu'il m'a gentiment proposé), il y a un monde, ou plutôt un univers.

Moi, mon mariage c'était un engagement pour la vie. Je n'étais pas du tout mais pas du tout programmée pour le divorce. Aujourd'hui, je me demande vraiment ce qu'il m'arrive et comment je vais faire pour m'en sortir.

L'infidélité est l'une des premières causes de divorce. On se marie en se jurant fidélité... Jurer c'est jurer, mais les promesses ne durent pas toujours. Baisse de la libido, routine, crise de la cinquantaine. L'envie d'être aimé, de plaire, de rester jeune... Nombreuses sont les raisons qui peuvent expliquer l'infidélité, sans pour autant la justifier. Certains arrivent à pardonner, à reconstruire leur couple après une infidélité, mais c'est parfois trop tard. L'homme est souvent dans le déni, dans la volonté de tout avoir. En général la femme supporte, jusqu'à ne plus en pouvoir, et c'est le plus souvent elle qui prendra la décision de la séparation.

LA VIOLENCE DES MOTS

Me souvenir de cette période me donne des crampes au ventre. Je ne pensais pas que les mots pouvaient faire aussi mal. Pendant des années, j'ai subi, sans le comprendre, la violence verbale de mon ex-mari. Au début, quand il me faisait des réflexions, je ne faisais pas vraiment attention, je me disais que c'était normal, que ce n'était pas grave, que c'était pour mon bien, qu'il était exigeant. Quand il me faisait des remarques, je ne lui répondais pas toujours, mais ma petite voix intérieure trouvait toujours une explication qui justifiait ses reproches. « Tu n'as pas acheté de pain » – j'irai en acheter demain – ; « Ma chemise est mal repassée, de quoi je vais avoir l'air à ma réunion demain avec mon boss ? » – c'est vrai que ça ne fait pas très soigné – ; « Cette robe ne te va pas, tu as un peu grossi, non ? » – j'ai hésité en l'achetant... – ; « Tu t'énerves tout le temps avec les

enfants, tu ne sais pas faire, tu n'as qu'à moins travailler si t'es fatiguée... » – c'est vrai que j'ai du mal à concilier les deux, j'aime mes enfants et mon boulot et parfois, c'est difficile de tout gérer... Bref, j'encaissais.
Cette façon de communiquer s'est installée insidieusement au cours des années. À la fin, c'était quasi constant et de plus en plus humiliant car il me parlait ainsi même devant les autres, au cours de dîners ou en vacances. Ses remarques de plus en plus toxiques allaient de « C'est fou comme tu n'es même pas capable d'élever les enfants » un jour où notre fils de 15 ans était rentré très alcoolisé d'une soirée à « À son âge, elle devrait faire du botox » à ma soirée d'anniversaire, en passant par « Je ne peux pas faire l'amour à ma mère » ou encore « Tu ne sers vraiment à rien dans cette famille ». Le pire c'est que je ne réagissais pas, sauf quand nous étions seuls et que je lui disais que c'était injuste, que ça ne pouvait pas durer. Il me répondait alors que j'étais trop sensible, qu'il avait dit ça en rigolant, ou bien parfois il s'excusait en me disant qu'il m'aimait malgré tous mes défauts. Je me taisais alors et pleurais beaucoup, seule. J'avais des douleurs au dos, à l'épaule, au ventre, mais je n'avais jamais fait le lien entre mes maux et les mots de mon ex-mari.
Un jour, il m'a asséné par ses paroles deux coups d'une violence inouïe, et j'ai compris qu'il était urgent de partir. À cette époque, j'ai eu une tumeur au sein, et un soir où je ne voulais pas sortir, il m'a dit : « Tu ne vas pas nous pourrir la vie avec ton cancer et ta chimio, dans un an ça sera fini », puis le même soir pendant le dîner devant les garçons (16 et 18 ans), il leur a dit : « Choisissez bien votre femme, sinon vous voyez où ça vous mènera. » Alors là, ça a fait tilt. Je devais me sauver moi, bien sûr, mais aussi protéger mes fils. Je voulais qu'ils prennent conscience que leur père avait un discours inaudible, ordurier, violent et inacceptable. Et qu'il ne fallait en aucun cas se comporter comme lui.
Il m'a fallu des mois, avec l'aide de mes amis et d'une psy, pour comprendre qu'en fait j'étais victime de violences psychologiques.

Je relativisais depuis le début et j'avais tort. Définir ce qui m'est arrivé, être suivie par une psy formidable, être entourée m'a permis de me reconstruire. Je suis physiquement guérie (en rémission) et aujourd'hui, je suis heureuse même si je suis seule et que j'ai du mal à boucler mes fins de mois. Je suis même fière d'avoir eu le courage de dire stop. J'ai beaucoup parlé à mes fils. Ils ne veulent plus voir leur père. L'un des deux consulte un psy. Leurs blessures cicatriseront, j'en suis sûre, et j'espère qu'ils sauront aimer et respecter leur femme.

Personne n'a le droit d'insulter, de dénigrer ou de rabaisser son interlocuteur. Toute relation interpersonnelle doit être basée sur le respect. La violence verbale, même si elle ne laisse pas de traces physiques, est une forme de maltraitance. Souvent, elle s'installe dans le couple car l'un des deux conjoints l'autorise inconsciemment pour des raisons diverses : par amour, par sacrifice, par peur ou par manque de confiance en lui-même. À terme, c'est totalement destructeur. La victime, qui développe alors un fort sentiment de culpabilité, ne se rend pas compte de la gravité des agressions, ce qui peut la conduire vers une dépression. La première étape pour sortir de cette spirale est de reconnaître que la violence verbale existe et de la signaler afin d'y mettre un terme. La voie vers la guérison ne pourra se faire que par un accompagnement psychologique car si les blessures ne sont pas visibles, elles sont néanmoins profondes.

L'avis du psy

Les pervers narcissiques sont des personnalités atteintes d'un trouble psychosomatique qui se caractérise par l'usage de la manipulation mentale pour parvenir à la destruction psychique de l'autre, et ainsi exercer une emprise totale sur leur victime. Ce sont des êtres blessés qui expulsent leurs

douleurs en se survalorisant aux dépens d'autrui. C'est pour eux une façon particulière de se mettre à l'abri de leurs propres conflits internes en se faisant valoir au détriment de leur entourage.
Au premier abord, les pervers narcissiques n'ont rien de pervers. Ils sont bien intégrés socialement et savent se faire apprécier des autres en se montrant sous leur meilleur jour. Ils peuvent être sympathiques, extravertis, cultivés, donnant l'impression aux autres d'être l'homme parfait ou la femme idéale. C'est pourquoi la victime met souvent du temps à admettre la dangerosité de la relation.
Les pervers narcissiques sont excessivement toxiques car ils se moquent de la souffrance de leurs victimes et les réduisent à l'état d'objet. La victime est séduite, mais niée comme sujet, maltraitée, sans aucune considération. Pour mettre l'autre sous leur domination, les pervers narcissiques vont puiser dans tout le spectre de la manipulation : chantage affectif, culpabilisation, mensonge, flatterie, dénigrement, dévalorisation, isolement familial et processus du retournement/renversement qui est une clé essentielle pour les démasquer. Ils pratiquent fréquemment cette technique qui consiste à inverser une situation en reprochant à l'autre ce qu'ils font eux-mêmes, se faisant ainsi passer pour la victime.
La relation avec un pervers narcissique est destructrice car il vampirise son partenaire, le vide de son énergie. Il réussit à convaincre sa victime qu'elle ne vaut rien et n'est pas à la hauteur. Se développe alors chez le partenaire un sentiment de culpabilité qui va l'amener à un état dépressif, voire parfois suicidaire.
Une fois le pervers démasqué ou l'emprise conscientisée par la victime, il faut impérativement qu'elle parte pour se préserver, reprendre conscience de sa valeur et retrouver confiance en elle.

« LES RAISONS DE LA COLÈRE

« Je ne peux plus supporter ton agressivité », « Je ne veux plus subir toutes tes violences », ces phrases ont été prononcées par ma femme devant la psychothérapeute de couple. Moi, violent et agressif ? Mais comment peut-elle dire ça ? Je ne l'ai jamais frappée. Mes colères ont le plus souvent été glaciales même si parfois, c'est vrai, je claquais des portes.

Depuis vingt-cinq ans, je n'ai qu'une obsession : tout réussir dans ma vie. Comme l'avait fait mon père. Pour ça, j'ai toujours énormément travaillé, j'ai sacrifié des soirs et des week-ends. À la maison, j'ai aussi géré les enfants que je tirais vers le haut. Nous avons eu de nombreux conflits avec ma femme, ses reproches étaient toujours les mêmes : « Tu ne me respectes pas, tu ne peux pas me parler sur ce ton, tu ne peux pas parler aux enfants comme ça, chacun a le droit d'avoir un avis, le tien n'est pas forcément meilleur, tu n'es jamais content… » Moi je lui répondais froidement : « Tu n'as qu'à mieux faire, si tu reconnaissais tes erreurs, si tu admettais tes torts… » Notre conversation s'arrêtait là, elle fuyait le conflit. Je pensais à l'époque que c'était par lâcheté, qu'elle n'assumait pas ses erreurs ! Je me taisais pendant deux jours et je passais à autre chose. Ça se calmait toujours. Enfin, pour moi ! Mais en fait, pas pour elle. Je n'ai pas vu que je la blessais, je n'ai pas vu que je l'étouffais. Je n'ai pas senti que je la fragilisais. Alors quand elle est partie, je n'ai rien compris, je me suis écroulé. Et pour sortir de ma dépression, moi l'homme fort (enfin, c'est ce que je pensais), j'ai dû prendre des antidépresseurs et me faire aider (je n'arrive pas à dire soigner) par un psy. J'ai alors compris que j'étais, malgré moi, animé par un sentiment de toute-puissance. J'avais raison et puis c'est tout. J'ai compris que je dévalorisais ma femme. Je n'avais aucun échange posé avec elle ni avec mes enfants. Ils préféraient se taire plutôt que subir mes réflexions continuelles. Je regrette sincèrement mon comportement. Aujourd'hui, je cherche à réparer le mal que j'ai pu faire. Je suis une thérapie et cherche à comprendre les raisons de mon comportement, à identifier l'origine de ma colère pour ne plus gâcher ma vie et celle de mes proches.

Les conflits récurrents dans une vie de couple sont souvent liés à une situation conflictuelle ancienne, à des blessures apparues au moment de l'enfance ou de l'adolescence. Le manque d'amour ou de considération, les injustices, les abus ou la négligence laissent des empreintes psychiques qui influencent notre façon d'aimer. À l'âge adulte, cela se manifeste par des comportements destructeurs ou autodestructeurs, ou encore par des accès de violence gratuite envers l'entourage. Inconsciemment, nous cherchons dans le couple ou dans nos rapports aux autres une réparation des blessures passées. Pour sortir de cette spirale, il est essentiel de prendre conscience de ses blessures, comprendre les mécanismes de défense qu'on a mis en place pour se protéger, et identifier les scénarios nocifs pour ne plus les rejouer.

« LA TRAHISON

Depuis cinq ans environ, nous ne faisons plus l'amour ou presque. Nous nous sommes mariés il y a vingt-cinq ans. Et pendant des années, nos corps se sont cherchés et enlacés. Nous en avions envie et besoin. Nous nous aimions passionnément. Et puis nos routes se sont un peu éloignées. Nos chambres aussi. Beaucoup de voyages professionnels pour moi ; pour ma femme, c'étaient plus des projets entre copines. Nous avions chacun nos activités. On organisait des repas de famille, on invitait des amis mais on se retrouvait de moins en moins au lit. Ça me faisait souffrir, j'étais frustré. La vie est courte ! Elle l'est tellement que ma femme a pris le taureau par les cornes, si j'ose dire… Un soir, elle m'annonce que bien sûr elle m'aime comme on aime un mari de vingt-cinq ans, le père de ses enfants et que, comme elle m'aime

et me respecte, elle va me dire la vérité. Cela fait des années qu'elle a des relations sexuelles épisodiques avec des amants. Une vie parallèle dont elle n'a jamais voulu me parler pour ne pas me blesser. Mais aujourd'hui, elle est amoureuse, elle en a marre du secret même si elle sait la tristesse qu'elle me cause. Elle veut vivre avec Christophe au grand jour, tout recommencer. Et voilà. L'annonce de son infidélité est tellement violente qu'elle n'arrive pas à monter à mon cerveau. Quoi… amoureuse… depuis des mois… tu veux faire ta vie avec lui… maintenant… et les enfants ? Comment n'ai-je pas vu les signes de ses tromperies ? Est-ce à cause de moi ? Je n'arrive pas à y croire.
J'appelle un avocat, elle a déjà pris le sien. Les mots sortent au compte-gouttes. Des semaines ont passé depuis cette conversation. Je me sens trahi et reste littéralement sidéré.

L'infidélité est très difficile à entendre et à comprendre pour celui qui n'a rien vu venir. La culpabilité, les doutes, les remises en cause, l'incompréhension peuvent être insupportables. Il est important de chercher à décrypter ses émotions, d'accepter que c'est aussi une épreuve pour l'autre d'annoncer son infidélité. Cette révélation, bien qu'elle bouleverse tous les repères, permet néanmoins de faire éclater la vérité et sert de déclencheur à la décision de divorcer, même si elle n'en est pas la cause.

L'avis du psy

La découverte d'une infidélité, pour les personnes qui ne l'avaient absolument pas vue venir, qui avaient une confiance absolue en l'autre, est un véritable traumatisme avec les conséquences physiologiques et psychologiques associées. Pour rappel, face au danger, le cerveau reptilien a trois façons de réagir : attaquer, fuir ou se figer – le cerveau ne fait pas la différence entre un danger de mort physique ou de mort

sociale ou sentimentale. La première réaction face à une telle révélation est donc souvent la sidération, qui dans un premier temps agit comme un anesthésiant. Viennent ensuite la blessure narcissique, la colère, le ressentiment, etc.
L'état de sidération provoqué par l'événement fait qu'il est possible qu'il demeure engrammé de façon permanente dans l'inconscient, et qu'une part de soi ait toujours l'âge qu'on avait à l'époque de la révélation. C'est ainsi que l'évocation d'une situation similaire (dans un film ou une chanson) ou le fait même d'être en contact avec l'infidèle (fréquent quand on a des enfants) réactivent instantanément la douleur. C'est un morceau de présent coincé dans le passé. C'est pourquoi il faut veiller à ne pas ressasser, s'enfermer dans une sempiternelle plainte, car cela réactive la douleur et on aggrave le phénomène.
« Déposer » sa souffrance est alors une bonne technique. J'oriente souvent le patient vers des séances d'EMDR. Revisiter le scénario de la rupture peut être salutaire avec cette méthode puisqu'il s'agit de remettre du mouvement dans ce qui est resté figé.
L'EMDR est en effet une thérapie brève qui retraite les informations émotionnelles douloureuses « stockées » dans le corps et le cerveau, notamment à la suite d'un événement traumatique. Le retraitement des informations se fait grâce à des mouvements essentiellement oculaires mais également kinesthésiques ou auditifs. Le mouvement des yeux permet d'activer une zone neurologique qui va réveiller le processus naturel de gestion émotionnelle.
Mise en garde : prenez soin de vous adresser à un praticien dûment formé ; la formation est réservée aux psychologues, psychiatres ou psychothérapeutes diplômés. L'Institut français d'EMDR répertorie par région et par spécialité les professionnels sur leur site www.ifemdr.fr.

Florence Tomasic, Psychologue psychothérapeute EMDR

« RENOUVEAU

Quand Alain a pris sa retraite, je me suis dit que ça allait être formidable, que nous allions pouvoir enfin voyager, passer du temps ensemble. Vivre une deuxième jeunesse. Eh bien, au bout de quelques semaines, je me suis rendu compte que je n'avais pas du tout envie de manger tous mes repas en tête à tête avec lui. Nous n'avions plus grand-chose à nous dire ni à partager. En fait, au travers de nos activités individuelles, nous avions pris sans nous en apercevoir des chemins complètement différents. Pourquoi se forcer aujourd'hui à faire semblant d'avoir les mêmes envies ? Nous avons fait le job. Nos enfants sont partis de la maison et sont heureux. Je ne vois pas du tout cette rupture comme un échec. Au contraire, c'est une forme d'amour, nous sommes plus heureux séparés. Il n'y a pas eu de tension liée à la pension alimentaire, à la garde des enfants ou à je ne sais quoi. Nous avons juste fait le constat que nous serions plus épanouis dans une nouvelle vie, sans l'autre. Aujourd'hui, nous nous retrouvons à Noël, aux anniversaires, parfois l'été, chez les uns, chez les autres. Nous nous appelons lorsque ça ne va pas ou qu'un enfant a des problèmes. Nous continuons à faire face ensemble.

Depuis quelques années, le nombre de divorces chez les seniors a augmenté. La séparation n'est plus un tabou. C'est un soulagement pour certains, une nouvelle vie amoureuse qui s'ouvre pour d'autres. Désir de liberté, soif d'indépendance, envie de renouveau, on accepte l'opportunité d'une seconde vie.

ET LES ENFANTS DANS TOUT ÇA ?

Quel que soit leur âge, les enfants ne sont jamais épargnés par le divorce, qu'ils aient déjà quitté la maison pour continuer leurs études ou par besoin d'indépendance, ou qu'ils vivent encore au sein du foyer familial. Quel que soit leur âge, leur vie va irrémédiablement changer aussi.

Leurs repères vont s'effondrer, leurs croyances être mises à mal et leur confort bousculé : effacée, la stabilité du couple parental ; finie, l'idéalisation des parents ; terminées, les vacances familiales simples.

Dans une fratrie, les réactions peuvent être très différentes. Il y a les aînés qui sont partis faire leurs études ailleurs ou ont décroché leur premier emploi et vivent en coloc... Ils n'ont pas assisté aux disputes, vu les éclairs ni entendu la foudre. Ils n'ont rien vu venir. Par pudeur et pour les protéger, leurs parents leur mentaient : « Oui, tout va très bien, et toi ? » L'annonce du divorce peut donc être très violente. Ils croyaient encore sûrement à la fin heureuse du conte de fées.

Et puis il y a les autres. Ceux qui étaient aux premières loges (chambre à part, absences répétées, pleurs) et ont tout entendu (disputes, portes qui claquent, insultes, silences). Bien que la rupture ait eu pour eux des signes avant-coureurs, leur monde aussi s'effondre. Le cocon vole en éclats. Ils vont devoir se partager entre leur père et leur mère. Pour ne pas faire de jaloux, pour faire illusion ou parce qu'ils n'ont pas le choix.

Parfois ils seront amenés à prendre parti pour l'un des deux, mais à quel prix ?

Pour d'autres, ce sera une libération. Ils demanderont alors pourquoi il aura fallu autant de temps pour se rendre à l'évidence que tout était fini, qu'il n'y avait plus rien entre leurs parents et que la relation était toxique pour toute la famille. « Je n'en pouvais plus ! J'en avais ras le bol de vos disputes. Mais pourquoi vous êtes restés ensemble ? C'était quoi l'intérêt à part nous pourrir la vie ? »

Nous le savons parfaitement, nous l'avons lu et relu, il ne faut jamais mêler nos enfants à nos histoires de couple. Mais parfois, surtout quand tout va mal, c'est très difficile. Il faut tenir bon. Tenir le cap que nous nous sommes fixé et ne pas lâcher.

Les enfants doivent rester en dehors du conflit. Ils n'y sont pour rien, et pour leur épanouissement ils ont besoin de leurs deux parents, de les admirer chacun pour leurs qualités respectives et ainsi s'appuyer sur eux pour grandir sereinement.

Les enfants ne sont ni des armes ni des messagers. Évitez à tout prix de les mêler à vos règlements de comptes, arrangez-vous pour résoudre vos différends seuls, jamais devant eux, quel que soit leur âge, sinon cela générera chez eux de la frustration et la culpabilité de ne pas pouvoir vous aider. Ne critiquez pas votre futur ex devant eux, vos problèmes doivent être réglés entre vous. Vos enfants ne sont pas des exutoires. Expliquez-leur les raisons de votre rupture sans mentir, mais sans entrer dans les détails. Vos problèmes sont des problèmes d'adultes, et plus encore des problèmes de parents qui ne concernent pas l'enfant – même adulte. « Ton père part avec une pouf... » ; « Je suis sûre qu'il me cache des choses, qu'est-ce qu'il t'a dit ? » ; « Toi qui connais son code, tu peux me le donner ? Je cherche un numéro » ; « Oh, ta mère, elle ne gère rien, comme d'habitude... »

Certains enfants ont la chance de pouvoir verbaliser : « Maman, si t'as un truc à dire à papa, vois avec lui. Si tu ne veux pas lui parler, il y a les mails. Mais pas moi. » En gros : « Gère. » Et ils ont raison.

Le divorce n'est et ne sera jamais neutre pour les enfants, même s'ils sont grands et que la plupart de leurs copains sont passés par là. Certains enfants peuvent développer des signes d'anxiété voire de dépression. Il n'est pas évident pour eux de se construire dans ce cadre familial qui vole en éclats.

Souvent, submergé par le chagrin ou la colère, on ne voit rien et on ne parvient pas à décoder leurs SOS. Il peut même arriver que l'on en veuille à l'enfant de ne pas être assez présent, à l'écoute et bienveillant, comme si notre rupture était pour lui sur le même plan que ses peines de cœur avec son amourette d'été. Dans cette période de chamboulement, on a besoin d'eux, mais ils sont aux abonnés absents. Ne les culpabilisez pas.

L'expérience du divorce peut avoir sur les enfants un impact qui n'est pas toujours aussi négatif qu'on le croit : certains gagnent en maturité et en autonomie. Ne plus avoir les mêmes repères, réaliser que l'acquis peut être remis en cause, tout cela les oblige à penser par eux-mêmes, à se mettre à la place de l'autre et peut-être à devenir plus attentionnés. D'autant que l'illusion du couple parental et les tentatives pour faire comme si tout allait bien les ont parfois menés à se replier sur eux-mêmes, et habitués à évoluer dans le mensonge au quotidien.

Les enfants ont besoin de temps pour trouver un nouvel équilibre. Quand ils apprennent officiellement la fin du mariage de leurs parents, ils tentent de s'adapter au mieux. Et la plupart du temps, ils y arrivent. La famille qu'ils ont connue est morte. Pas la fratrie. Il va falloir qu'ils la reconstruisent. Ce sont eux qui vont en être les acteurs.

Laissons-les exprimer leurs sentiments en toute liberté, sans jugement. Redoublons de vigilance, d'attention et d'amour pour qu'à aucun moment ils ne puissent avoir de sentiment de culpabilité.

L'annonce du divorce est souvent pour les enfants, même si ce ne sont plus des petits, le point de départ marquant la séparation de leurs parents. Cette annonce, ils s'en souviendront toute leur vie. Aussi il est important de bien la préparer à deux.

Une fois votre décision prise, n'attendez pas que le conflit dégénère et pourrisse le quotidien pour leur dire. Ils l'ont probablement senti, de toute façon.

Il n'y a pas de bon moment pour annoncer une séparation, mais il y a des règles à respecter.

Trouvez un moment calme où vous déciderez de mettre de côté vos désaccords et parlerez d'une même voix. Il est préférable que tous les enfants soient réunis.

Expliquez les faits sans animosité et dites la vérité. Insistez sur le fait que cette décision est sans appel et précisez s'il s'agit d'une décision unilatérale ou d'un commun accord. Ils percevront de toute façon les émotions de chacun.

Pas besoin de grands discours, soyez concis et précis. Ne donnez pas de détails sur les circonstances de la rupture (qui a fait quoi ? qui part ?). La séparation fait souvent suite à des mois de disputes et de conflits. Ces informations vous appartiennent.

Évitez de les prendre pour vos confidents, ils n'ont pas à entendre : « J'ai tout fait pour que ça marche » ; « Votre père m'a fait beaucoup de peine »... Aucun des parents ne doit se poser en victime devant eux.

Utilisez plutôt les prénoms et non « ton père, ta mère », afin de bien notifier que la décision ne se pose pas en tant que parents, mais en tant qu'individus. Parlez de la suite, des aspects logistiques : « Je vais rester dans l'appartement et Alain va déménager. » Insistez sur le fait que vous mettrez tout en œuvre pour que cette situation n'affecte pas leur quotidien et que leur bien-être reste votre priorité : « Nous ferons en sorte que ce ne soit pas trop compliqué pour vous en termes d'organisation... »

Ne dramatisez pas, ne surjouez pas. Laissez les enfants vivre leurs émotions. Comme vous, ils risquent de passer par des phases de colère, de tristesse, de déni. Restez à l'écoute, mais ne vous confiez pas. Soyez disponible pour répondre à leurs questions, mais ne vous livrez pas.

Vous pouvez bien sûr exprimer vos émotions, mais évitez de vous plaindre de l'autre en des termes trop durs. Votre ex est et restera toujours le parent de votre enfant.

Pas la peine non plus de banaliser : « Bon, ce n'est pas si grave, ça arrive à tout le monde... » Si, c'est grave. La famille qu'ils ont connue est morte. Une nouvelle va se dessiner et au centre, souvent, il y aura une fratrie renforcée.

« JE NE SAIS PAS SI JE ME MARIERAI UN JOUR

Je m'appelle Clément, j'ai 24 ans. J'ai un frère aîné et une sœur de deux ans de moins que moi. Mes parents ont divorcé il y a trois ans. Ce n'est pas évident pour moi d'en parler. Je ne m'étais jamais vraiment posé de questions sur leur couple. C'étaient mes parents, c'est tout, avec leurs qualités, leurs défauts. Ils se disputaient pas mal, mais ça avait l'air normal. Il y a toujours eu beaucoup d'engueulades à la maison. Mon père, quand il était là, car il était souvent en déplacement, s'énervait facilement et râlait souvent. Ma mère travaillait dur et s'occupait de nous comme elle pouvait. Elle courait tout le temps, mais elle était là pour nous. C'était parfois hyper tendu avec mon père. C'était comme ça, chez nous. Évidemment, je voyais les parents de mes copains qui avaient l'air de bien s'entendre, c'était calme, joyeux chez eux. Mais ça, je ne m'en suis rendu compte qu'après.

Un jour, il y a eu une méga dispute à la maison. Moi, je n'étais pas là. C'est ma sœur qui m'a tout raconté après. Elle était choquée. Je crois qu'ils se sont dit des horreurs. Limite s'ils n'allaient pas se taper dessus. Heureusement, ça n'est pas arrivé. En revanche, mon père est parti et n'est plus jamais revenu vivre à la maison. Depuis ce soir-là, je n'ai jamais revu mes parents se parler normalement. On dirait que c'est tout le temps la guerre. J'ai même du mal à me rappeler qu'ils ont un jour été ensemble. Moi je m'en fous, je ne suis pas là. C'est leur histoire, pas la mienne. Donc je

les vois séparément. Mon frère aîné ne veut plus voir mon père. J'ai l'impression qu'il ne fait pas la part des choses et qu'il se prend pour le protecteur de ma mère. On ne s'entend plus très bien car il ne comprend pas pourquoi je vois encore mon père. J'en ai marre de leurs histoires. Ma sœur n'attend qu'une chose : partir en Erasmus. On est pareils. On sort beaucoup, on fait la fête. On a plein de potes. On n'a pas tellement envie de se poser. On veut partir, voyager, être libres.
Cette histoire m'a changé, je ne crois plus tellement à la famille, au mariage, à l'amour. J'ai l'impression que tout ça, c'est beaucoup de mensonges. L'idée de fonder une famille me fait peur. Tout peut basculer si vite. On n'a jamais vraiment connu l'harmonie familiale que j'observe chez les autres. C'est dommage. Ma mère dit maintenant qu'elle a tout porté, qu'elle n'a jamais été heureuse. Je ne sais pas si je me marierai un jour. Je ne veux pas rendre ma femme malheureuse comme ça. Si c'est pour en arriver là, c'est pathétique.

Quand les enfants sont grands, ils ont tendance à revisiter leur enfance, vouloir comprendre ce qui a pu se passer. Si le divorce se passe mal, même s'ils sont moins impliqués dans le quotidien familial, ils ne voient plus que la guerre en cours et ont du mal à se rappeler les bons moments. Ils remettent alors en cause les valeurs auxquelles ils ont cru. Nombreux sont ceux qui s'interrogent sur l'idée de couple, sur la pertinence du mariage, sur sa durabilité. « Si mes parents ont vécu cela, peut-être que moi aussi je le reproduirai » ; « À quoi bon se marier, si c'est pour en arriver à se détester autant ? »

Ainsi, après un divorce, qu'il soit à l'amiable, voulu, subi, conflictuel, même si c'est difficile, voire que cela paraît impossible, il faut absolument rechercher l'apaisement avec son ex (au moins dans tous les rapports avec les enfants), éviter de les impliquer, les encourager à rester neutres. Votre

mésentente, ce n'est pas leur histoire, ils construiront la leur. Ne critiquez pas l'autre, il représente 50 % de leur ADN et ils ont et auront toujours deux parents !

« LA VIE S'EST ORGANISÉE DIFFÉREMMENT

Je suis Léa, 23 ans. Ma sœur Alice a 20 ans. Nos parents ont divorcé il y a deux ans, l'année du bac d'Alice. À la rentrée. Je me souviens très bien quand ils nous l'ont dit. On rentrait de vacances et on était allés dîner tous les quatre dans un resto. On n'y était jamais allés. Avec Alice, on trouvait ça bizarre. Mais bon, pourquoi pas ? À la fin du dîner, ils nous ont annoncé qu'ils avaient décidé de se séparer. Alice et moi, on n'y croyait pas. Ils nous ont dit qu'évidemment ils nous aimaient, que ça ne changerait rien pour nous, mais que voilà, eux ne s'aimaient plus. Ils s'entendaient pourtant très bien. À la maison, il y avait toujours des copains, les leurs, les nôtres. Bref, c'était cool.

Au début j'ai eu peur. J'avais toujours été habituée à vivre avec eux, à partir en vacances avec eux et je n'arrivais pas du tout à imaginer ce qui allait se passer. J'ai évidemment plein de copains à qui c'est arrivé : certains ne voient plus leur père, d'autres s'entendent bien avec leur beau-père, d'autres ont toujours vécu en garde alternée, une semaine chez l'un, une semaine chez l'autre. Bref, je connaissais la situation pour les autres. Pas pour moi. J'étais furieuse contre eux, contre ma sœur, contre moi-même.

Et puis la vie s'est organisée différemment. J'étais étudiante, je suis restée habiter avec maman et Alice. Papa a pris un studio plutôt sympa dans un autre quartier, mais pas trop loin. On a continué notre vie d'étudiantes. Nos potes continuaient de débarquer à la maison. Maman sortait souvent ou invitait des copains. Mais on se gardait toujours des moments entre filles, toutes les trois, on avait des discussions interminables ou bien on regardait un film ou une série. Ça avait l'air d'aller. Je dînais aussi souvent

avec papa. Je n'ai jamais entendu mes parents se critiquer. Ils continuaient à se parler, surtout de nous je crois. Même si mon père paraissait parfois triste, quand il me voyait, il faisait comme si tout allait bien. Il me posait plein de questions sur ma vie, demandait des nouvelles de mes potes, s'intéressait à tout.
Mon pire souvenir, ç'a été le premier Noël. Cette année-là, c'était chez mes grands-parents maternels et il y avait mon oncle, sa femme, ma tante et son mari et les cousins. D'habitude, c'était toujours gai. Là, on sentait que ce n'était pas pareil. On faisait semblant. Papa nous a appelées le soir de Noël, il avait l'air triste même s'il disait que tout allait bien. Ça m'a plombée, cette fausse atmosphère. Le surlendemain, on est allées chez mon père et là il avait tout préparé comme si c'était le 24 : un dîner, des cadeaux trop cool. C'était génial. On a un peu pleuré, et beaucoup parlé de Noël, de maman, de comment c'était avant, et de ce que la vie allait être maintenant, de ces moments familiaux qui ne seraient plus les mêmes. De la nécessité d'en créer d'autres, avec maman comme avec lui.
Depuis ce jour-là, j'ai compris que dans la vie soit on baisse les bras et on est triste, soit on continue et on avance. La vie n'est pas forcément comme on l'imagine. J'aime mes deux parents, et même s'ils ne sont plus ensemble, ils font tout pour que leur choix ne nous affecte pas. C'est presque comme avant, mais dans deux mondes différents. Des vacances avec l'un, puis avec l'autre. Des moments de complicité, mais aussi des engueulades, des retrouvailles. Ils ne nous ont jamais mêlées à leurs histoires. Maman a un copain, mais qui ne vit pas avec nous. Papa aussi a quelqu'un je crois, mais on ne l'a jamais rencontrée. On a gardé une seule tradition ensemble : on fête nos anniversaires tous les quatre ! Et c'est top !

L'important, pour protéger les enfants, est de continuer à être avec eux dans une relation de parents : ils n'ont pas à être des confidents ni des parties prenantes du conflit entre leurs parents. Même si cela semble difficile, car dans l'épreuve vous vous sentez seul et désemparé, continuez à vous intéresser à eux, à leur vie. Protégez-les de vos états d'âme tout en restant honnête avec eux. Parlez-leur de cette nouvelle vie qu'il faut apprendre à construire avec confiance et optimisme. Il y a toujours une lumière au bout du tunnel. Concernant vos nouvelles rencontres amoureuses, laissez-leur le temps de s'habituer à cette nouvelle donne, au fait que leurs parents peuvent être heureux avec quelqu'un d'autre. Respectez leur rythme, notamment dans la création de leur relation avec cette nouvelle personne. Et tâchez de leur montrer qu'il vous est possible de parler et de respecter votre ex, malgré tous vos désaccords.

Astuce

Shared : une appli qui facilite la vie des parents séparés et évite aux enfants, même adulescents, de devoir jouer les intermédiaires pour rappeler un événement important, signaler qui est où pendant les vacances ou tel week-end, échanger des documents administratifs (livret de famille, passeport, fiche d'état civil, etc.), suivre les dépenses du compte joint s'il y en a encore un.

Les questions financières et juridiques

... en chansons :

« Nos avocats », Charles Aznavour
« Les Divorcés », Michel Delpech

Divorcer coûte cher. Et pas que pour Jeff Bezos, Brad Pitt ou Bill Gates, dont les divorces ont coûté plusieurs millions de dollars. Même si on ne joue pas dans la même cour, préparez-vous à débourser des milliers d'euros rien que pour la procédure.

Se séparer, divorcer, c'est forcément s'appauvrir. C'est mathématique : le budget familial est divisé en deux, mais les charges du logement et du quotidien doublent. Dans l'inconscient collectif, et encore dans la majorité des cas, c'est l'homme qui va devoir verser des pensions, assurer le maintien (ou presque) du niveau de vie de son ex-femme et des enfants. Pas forcément facile à avaler. Cette situation a tendance à évoluer et de plus en plus de femmes versent des prestations compensatoires à leur ex-conjoint. Ensuite, chacun va devoir assumer seul les dépenses du quotidien, le loyer, les impôts, l'alimentation, et toutes les dépenses incompressibles. Sans parler des besoins des enfants et... des frais d'avocat ! D'ailleurs, certains couples renoncent à divorcer en raison du coût financier qu'ils ne peuvent pas ou ne veulent pas assumer. Incapables de faire face aux dépenses inhérentes à leur divorce et à la vie en solo, ils préfèrent faire une croix sur leur liberté et leur bien-être pour ne pas voir leur train de vie se modifier. Un compromis parfois lourd de conséquences.

Le coût du divorce

Pour anticiper, il faut prendre en compte – en dehors du coût de la vie – les honoraires des avocats, les émoluments des notaires, ainsi que la fiscalité concernant les deux aspects financiers spécifiques au divorce : la liquidation du régime matrimonial (partage des biens), et l'inventaire des situations financières des époux pour déterminer l'existence ou non d'un droit à la prestation compensatoire (PC).
Afin d'obtenir des exemples d'évaluation des revenus et des patrimoines, ainsi que des calculs de pension alimentaire ou contribution à l'entretien et à l'éducation de l'enfant (CEEE), vous pouvez consulter plusieurs sites et ouvrages, en particulier celui de Patrice Rond, *Les Clés des enjeux financiers du divorce* (Éd. L'Harmattan, 2017).

Patrice Rond est diplômé de l'ESCP Europe.

La première étape consiste à passer par la case « avocat », et ce même si les époux sont d'accord sur tout et envisagent de divorcer à l'amiable : depuis le mois de janvier 2017 (et la déjudiciarisation du divorce par consentement mutuel), il est désormais obligatoire pour chaque époux d'être représenté et assisté par son propre avocat.

Choisir un avocat, c'est un peu comme choisir un psy. Il faut sentir que le courant passe. On choisit d'ailleurs souvent un avocat qui nous ressemble ou qui reflète notre état d'esprit : il y a les gentils, les méchants, les guerriers, les pacifistes, ceux qui vous rassurent, ceux qui vous remuent... Réfléchissez à ce que vous souhaitez avant de vous engager.

Parlez-en autour de vous. C'est par votre famille, vos amis, vos collègues que vous trouverez celui ou celle qui correspond le mieux à vos besoins. Attention, même si le bouche-à-oreille est un moyen efficace, chacun doit se fier à ses propres critères ou à ses attentes pour trouver SON défenseur. Chaque relation humaine est unique et vous n'êtes sûrement pas dans la même situation que Christiane de la compta, ni n'avez le même caractère que votre frère. Aussi, même si leur avocat est topissime, il pourrait ne pas vous convenir.

Le meilleur avocat sera pour les uns celui « qui respecte notre histoire et le ton que l'on veut donner à notre séparation » ; pour les autres « celui qui aura les compétences pour trouver la meilleure façon de procéder pour éviter que notre couple se déchire » ; et pour d'autres encore, à l'opposé, « celui qui saura attaquer et mettre l'autre à terre ».

Ne choisissez pas un ami ou quelqu'un qui vous est affectivement lié, car non seulement il n'aura pas forcément le recul suffisant pour vous conseiller, mais vous risquez de vous brouiller si les choses tournent mal, ce qui n'est pas improbable.

Pour les divorcés qui sont déjà passés par là, les qualités à privilégier chez un avocat sont l'écoute, l'empathie, la rapidité, la réactivité, parfois la combativité voire l'agressivité. Sachez déterminer celles qui sont prioritaires pour vous.

Le premier rendez-vous est essentiel. Un conseil : il faut bien le préparer. D'abord pour la qualité de votre dossier, mais aussi car il ne faut pas oublier qu'un avocat facture le plus généralement ses conseils au temps passé. Arrivez à votre premier rendez-vous avec une liste de questions, n'ayez pas peur de dire toute la vérité et surtout fiez-vous à votre instinct : vous sentez-vous en confiance, vous écoute-t-il, vous comprend-il ? Il est important que le courant passe.

Si cela vous rassure, n'hésitez pas à vous faire accompagner par un proche. Des avocats spécialistes du divorce, vous en avez vu dans des séries ou parfois dans des dîners, mais en consultation, jamais.

Émotionnellement, ce premier échange est intense. On lève le voile sur son intimité, on évoque les tensions, les rêves déçus, les enfants que l'on veut protéger à tout prix, mais aussi ses inquiétudes financières. On livre à un inconnu une situation douloureuse, on lui raconte des années de vie commune, des faits marquants, des ressentis, des blessures. Ce moment est la concrétisation de notre décision, le premier pas vers une séparation officielle. Celle qui nous fera changer de statut : de la case « marié », nous passons à la case « divorcé ». Ce n'est pas rien...

C'est donc un moment compliqué. Il n'y a pas de honte à être, devant ce tiers, en colère, voire en pleurs. Il a l'habitude. Son rôle à lui, c'est d'être dans le concret. Il ne vous sauvera pas du désastre affectif dans lequel vous vous trouvez, il est là pour vous aider à « réussir votre divorce ».

Expliquez-lui clairement les objectifs de votre démarche : s'agit-il d'une formalité pour en finir avec une situation qui n'a pas de sens ou avec une vie conjugale devenue intolérable ? Est-ce un problème de pension alimentaire ou de garde d'enfants ? Ou bien s'agit-il d'une déclaration de guerre où tous les coups seront permis ?

Dans un scénario idéal où « tout est bien qui finit bien » pour les deux parties, où vous n'attendez que l'entérinement d'une décision commune, bien réfléchie, le rôle de votre avocat sera surtout de négocier au mieux ce qui peut vous être attribué et de vérifier que vos intérêts sont respectés et protégés. La convention de divorce par consentement mutuel que vous signerez doit être juste et équilibrée, pour le présent comme pour le futur.

Dans un scénario plus conflictuel, où les blessures engendrées, la rancœur et les règlements de comptes sont légion et empêchent d'envisager une résolution apaisée, votre avocat devra bétonner votre dossier. Cela va vous prendre beaucoup de temps pour l'aider à le constituer. Vous devez rassembler un maximum d'éléments et lui transmettre tous ceux auxquels vous pouvez penser, des plus utiles aux plus insignifiants. À votre avocat de définir ceux qui seront les plus pertinents, pour ne pas surcharger votre dossier auprès du juge. Un avocat, même le meilleur, a besoin de matière, d'arguments pour défendre votre dossier.

Ne perdez jamais de vue votre objectif. Les décisions que vous prendrez dans le cadre de ce divorce auront un impact sur tout le reste de votre vie. Soyez réaliste et ne laissez pas votre désir de vengeance polluer les réels enjeux de votre divorce.

LES CONDITIONS DE RÉUSSITE POUR TRAVAILLER AVEC SON AVOCAT

> *Comment optimiser un dossier*
> *La façon dont travaille un avocat*
> *Négocier au mieux le rapport coût/avantages*
> *La nécessité de confiance absolue*

Si aucun divorce ne se ressemble, il existe une constante pour parvenir à une solution équilibrée, protectrice et apaisée pour vous et votre famille : nouer une relation de confiance avec votre avocat.

Il faut accepter de l'écouter et de suivre ses conseils dans le cadre de la recherche d'un accord. Grâce à son expérience, votre avocat sait quand et comment il convient d'éviter une procédure contentieuse qui pourrait mal tourner.

A contrario, votre avocat saura vous dire si les propositions qui vous sont faites sont insuffisantes voire inacceptables, justifiant alors le recours à un juge pour trancher les différends.

Il faut donner à votre avocat de la « matière » pour qu'il puisse prendre la mesure des enjeux, qu'ils soient affectifs ou relatifs aux enfants, mais également pour lui permettre d'analyser avec précision les aspects patrimoniaux et financiers, souvent cruciaux.

Un « dossier de divorce » se gagne à deux : client et avocat !

Il ne faut rien cacher à votre avocat, car la pire des déconvenues pour un professionnel du droit est de découvrir incidemment via son contradicteur, et souvent au dernier moment, des éléments qu'il ignorait totalement et qui ont un impact important sur les décisions qu'il aurait fallu prendre et la stratégie qui aurait dû être adoptée.

Enfin, les honoraires d'un avocat spécialisé sont importants et, bien que ultra compétent, soutenant et empathique, il serait dommage que votre avocat se retrouve être « le grand gagnant de votre divorce » : faire confiance à son conseil, c'est donc également faire des économies.

Laurie Colin, avocate en droit des personnes et du patrimoine.
Divorce, autorité parentale, régimes matrimoniaux, indivision,
succession, filiation, adoption. Cabinet PIWNICA & COLIN

Les frais que vous aurez à engager varient selon votre régime matrimonial, votre patrimoine, et la complexité de votre situation.

Il existe plusieurs possibilités pour ce qui touche à la rémunération de votre avocat, mais quelle que soit l'hypothèse choisie, une convention d'honoraires doit vous être remise et vous devrez la lire avec la plus grande attention avant de la signer.

Un avocat facture ses diligences au temps passé. Chaque minute qu'il passe sur votre dossier – même le temps qu'il passe avec vous au téléphone – sera décomptée. D'où l'importance de préparer les rendez-vous en amont, afin d'être clair et précis et d'aller à l'essentiel. L'avocat a l'obligation de vous communiquer clairement et par écrit les modalités de sa facturation, et notamment son tarif horaire, qu'il fixe librement.

Vous pouvez également vous entendre sur un forfait global de procédure, qui comprendra les consultations, la préparation du dossier, les actes de procédure, l'assistance et la représentation pendant les audiences.

En fonction de la complexité et des enjeux du dossier, certains avocats peuvent demander, en sus de leurs honoraires, d'être rémunérés sur la base d'un pourcentage du montant que vous percevrez à l'issue de la procédure ou du montant de votre prestation compensatoire.

Ces « *success fees* » sont naturellement la contrepartie d'un travail qui doit vous donner pleine satisfaction et qui devra être réalisé avec sérieux, professionnalisme et rapidité.

Mais, attention, s'il peut être un facteur de motivation supplémentaire pour votre conseil, ce type de rémunération « proportionnelle » peut également conduire à des dérives, par exemple des avocats qui feront obstacle à la régularisation d'un *deal* pourtant très satisfaisant dans l'espoir d'obtenir encore davantage d'honoraires !

Quel que soit le contexte, un autre piège à éviter est celui de la précipitation. Un divorce est une des situations les plus critiques de votre vie. Le jugement qui va en découler va être déterminant pour les années à venir : prestation compensatoire, partage patrimonial, bien-être des enfants (financement des études, hébergement…). Il ne faut donc pas prendre la procédure à la légère en voulant s'en débarrasser « vite fait, bien fait », même si elle est pesante. Ne dites jamais à votre avocat que vous voulez en finir rapidement. Vous risqueriez de le regrettez car votre ex et son avocat pourraient l'apprendre et en profiter : cela vous coûterait non seulement plus cher, mais pourrait durer bien plus longtemps.

La procédure de divorce est un long chemin qui peut être psychologiquement difficile. Elle peut générer du stress et de l'angoisse, et vous plonger dans un gouffre plus profond que celui dans lequel vous avait entraîné l'échec de votre mariage. Vous avez l'impression que l'on ne vous rend pas justice, que les conclusions tardent toujours à arriver, qu'elles ne reflètent pas les échanges que vous avez eus. Il peut arriver que vous ayez l'impression que votre avocat ne s'investit pas assez dans votre dossier, qu'il a d'autres priorités. Lors des rendez-vous avec la partie adverse, ses interventions ne semblent pas préparées. Il faut alors constituer les dossiers soi-même, être clair vis-à-vis de l'avocat pour savoir jusqu'où vous voulez aller. Ne pas hésiter à en changer si la confiance fait défaut.

En fonction de votre histoire, des raisons qui ont mené à la séparation et des relations avec votre conjoint, votre avocat vous aidera à définir dans quel cadre vous pouvez divorcer : à l'amiable, donc par consentement mutuel (c'est-à-dire sans juge), ou bien en contentieux devant un juge. Et dans ce dernier cas, la procédure pourra n'être engagée que par vous, et non d'un commun accord.

LES DEUX TYPES DE DIVORCE

DIVORCE AMIABLE (SANS MOTIF INVOQUÉ)

- **Divorce par consentement mutuel :** les époux sont d'accord sur le principe du divorce (les motifs du divorce ne sont donc pas invoqués) et sur l'ensemble de ses conséquences, tant pour les époux que pour les enfants, tant sur les aspects patrimoniaux qu'extrapatrimoniaux. Certains couples binationaux ne peuvent pas encore avoir accès de manière sécurisée à ce type de divorce car il n'est pas toujours reconnu à l'étranger, et le conjoint étranger a souvent besoin d'une décision de justice pour faire reconnaître sa nouvelle situation dans son pays d'origine.

DIVORCES CONTENTIEUX (AVEC MOTIF INVOQUÉ)

Les trois motifs du divorce :

- **Divorce par acceptation du principe de la rupture du mariage ou sur demande acceptée :** les époux sont d'accord sur le principe du divorce, mais pas sur ses conséquences, comme par exemple sur qui doit quitter le domicile conjugal, qui va s'occuper des enfants, selon quelles modalités les biens vont être partagés et naturellement quel sera le montant de la prestation compensatoire et de la contribution pour les enfants... Bien que désireux de divorcer, ils sont contraints de s'engager dans une procédure contentieuse et de demander, via leur avocat, au juge aux affaires familiales de trancher leurs désaccords et de décider des mesures à appliquer.
- **Divorce pour altération définitive du lien conjugal :** les époux sont physiquement séparés depuis au moins un an. L'un ou l'autre engage la procédure de divorce pour rompre définitivement le mariage en justifiant de la séparation. Là encore, c'est le juge qui tranche leurs différends.

- **Divorce pour faute :** l'un des époux engage le divorce en faisant valoir que son conjoint a manqué à ses obligations maritales (fidélité, secours, assistance ainsi que tous les autres devoirs « innommés » du mariage), fautes qui ont rendu intolérable le maintien du lien conjugal. L'objectif est alors d'obtenir un jugement exclusivement aux torts de son conjoint fautif.

Depuis de nombreuses années désormais, les torts dans le divorce sont décorrélés des conséquences financières de celui-ci et un divorce pour faute relèvera dès lors davantage d'une volonté de « sanction, de réparation voire même de réhabilitation morale », destinée à établir que c'est bien l'autre qui est responsable de l'échec du mariage.

Et pour les pacsés ?

Depuis sa mise en place en 2012, le Pacs représente près de la moitié des nouvelles unions. Ce choix s'explique en partie par le fait que, contrairement au mariage, le Pacs ne nécessite pas de cérémonie ou de formalités complexes, ni pour sa conclusion ni pour sa dissolution. Évidemment, il ne donne pas les mêmes droits aux conjoints qu'un contrat de mariage.

En cas de séparation, les formalités légales pour dissoudre le Pacs sont plus simples et plus rapides qu'un divorce.

Si les deux partenaires sont d'accord, ils remplissent et signent une déclaration conjointe de dissolution de Pacs et l'envoient par courrier recommandé avec accusé de réception ou la déposent à la mairie, au notaire ou à l'ambassade qui a enregistré le Pacs initial. La date d'effet est immédiate lors de l'enregistrement par la mairie, le notaire ou l'ambassade.

Cette procédure est gratuite sauf si le Pacs a été conclu chez un notaire, auquel cas il faut payer des frais de notaire.
Si un des partenaires veut rompre unilatéralement le Pacs, il doit informer son partenaire de sa décision par voie d'huissier de justice (c'est ce qu'on appelle la signification), puis l'huissier remet une copie de la signification à la mairie ou au notaire. La date d'effet de la dissolution du Pacs est fixée au jour où la signification est reçue par la mairie ou le notaire. Le coût des formalités avec l'huissier et les frais de notaire le cas échéant s'élève en moyenne entre 150 et 200 euros.
En principe, la liquidation des droits et obligations du Pacs s'effectue à l'amiable entre les deux conjoints. Si aucun accord n'est possible pour régler les questions financières ou immobilières, il faudra saisir le juge aux affaires familiales (JAF) qui statuera sur les conséquences patrimoniales et éventuellement sur une demande de réparation d'un préjudice résultant de la dissolution du Pacs.
Un Pacs prend fin automatiquement en cas de mariage de l'une ou l'autre ou des deux parties. Le partenaire qui se marie doit informer l'autre partenaire et la mairie ou le notaire qui a enregistré le Pacs initial. La date d'effet de la dissolution du Pacs est fixée au jour du mariage.

Si vous êtes d'accord pour divorcer et que vous parvenez encore à échanger avec votre ex, vous opterez pour un divorce par consentement mutuel. Plus simple et plus rapide, il ne nécessite pas de passer devant un juge. Il représente 55 % des divorces aujourd'hui. C'est aussi le moins coûteux, au minimum 3 000 euros en moyenne. Pour un divorce avec contentieux, cette somme peut atteindre dix fois plus. À noter que les honoraires à Paris sont plus élevés que ceux pratiqués en région.

Vous pouvez aussi divorcer à l'amiable en un mois seulement et moyennant 190 euros par époux par l'intermédiaire de certains cabinets d'avocats ou de start-up qui proposent une procédure juridique entièrement en ligne ! Méfiez-vous tout de même avec ce type de procédure, car il existe un nombre croissant d'arnaques, et les prestations proposées sont, dans la majorité des cas, de piètre qualité. L'absence de relation personnelle avec un avocat, essentielle comme on l'a vu, n'y est pas pour rien.

Pour éviter de tomber sur des escrocs, vérifiez que votre avocat est répertorié dans l'annuaire du CNB (Conseil national des barreaux), et assurez-vous qu'un rendez-vous physique avec les deux époux et leurs avocats est prévu – faute de quoi la procédure ne sera pas valable. Et, bien entendu, ne payez pas avant d'avoir lu et accepté la convention d'honoraires.

Le principe du **divorce par consentement mutuel** vise donc, avec l'aide de vos avocats, à rédiger une convention qui règle (au moins sur le papier) toutes les conséquences du divorce (répartition des biens, prestation compensatoire, garde des enfants…). Pour le partage des biens, vous devez identifier et répertorier les biens indivis et les biens communs : mobiliers, produits d'épargne, comptes bancaires, voiture… Et naturellement les biens immobiliers.

Le montant de la pension alimentaire, le lieu de résidence des enfants, les modalités de garde et les droits de visite doivent aussi être définis dans la convention si vos enfants sont encore mineurs. Le montant de la pension dépend des revenus des parents et des charges qui leur incombent, des besoins des enfants et du mode d'organisation choisi pour eux.

Quant à la prestation compensatoire, elle a une double vocation, alimentaire et indemnitaire, et vise à corriger, autant que faire se peut, les déséquilibres financiers causés par le divorce, dans l'objectif de maintenir au profit de l'époux le moins fortuné un niveau de vie comparable à celui dont il bénéficiait quand il était marié. Comme certains vous le diront, c'est un peu comme « l'indemnité de licenciement de votre vie maritale ». Son calcul dépend de la durée du mariage, des situations professionnelles et patrimoniales de chaque époux, mais aussi de leur âge, de leur état de santé et même des sacrifices professionnels qu'ils ont pu faire. Eh oui... Son montant fait l'objet des discussions les plus âpres, qui peuvent se révéler une véritable source de conflit, de frustration et de rancœur.

Pour arriver à un accord sur ces différents aspects, négociez en défendant vos intérêts et ceux de vos enfants, sachez rester objectif, et acceptez de transiger si c'est pour le bien des enfants – si cela vous paraît acceptable et si les concessions se font de part et d'autre. Il vaut mieux un accord plutôt favorable immédiatement qu'un long contentieux, coûteux, chronophage et épuisant psychologiquement, au résultat aléatoire.

De cet accord dépend non seulement votre mode de vie futur, mais aussi votre sérénité et vos relations avec vos enfants. Restez en accord avec vous-même, avec vos valeurs d'avant, même si elles ont été ébranlées par ce divorce.

« Le temps apaise. » Le dicton dit vrai, même si, sur le moment, il vous est difficile de le concevoir.

Si malgré tout vous n'êtes pas satisfait par les propositions de la convention, que vous avez l'impression qu'on vous force plus ou moins la main, faites appel à la médiation familiale, qui pourra vous aider et faire en sorte d'atteindre un accord mutuel. Ne contractualisez pas un accord de paix écrit sur un champ de bataille.

Une fois la convention officielle rédigée, elle vous sera envoyée par recommandé et vous disposerez d'un délai de réflexion de quinze jours à partir de la réception. Délai suffisant pour tout relire sereinement. Elle sera ensuite signée par les deux parties et leur avocat, puis sera déposée chez un notaire. Celui-ci vérifiera que le contenu est conforme à la loi, puis actera l'officialisation du divorce dont la mention sera ensuite inscrite en marge de vos actes d'état civil.

Avant 2021, la procédure de divorce contentieux était très longue, elle durait en moyenne quatorze mois, pendant lesquels s'appliquaient des mesures provisoires ordonnées par le juge. Depuis le 1er janvier 2021, la procédure est simplifiée. L'assignation déposée par l'avocat du demandeur devra dès le début présenter les demandes définitives de chacun ainsi que toutes les mesures provisoires d'organisation familiale (occupation du logement, garde des enfants…). S'il s'agit d'un incontestable gain de temps, cela oblige les parties à être claires et précises dans leurs demandes. Le juge pourra être amené à prononcer un divorce sans avoir jamais rencontré les protagonistes et basera sa décision uniquement sur les dossiers des avocats. D'où l'importance de bien choisir son avocat et de préparer avec lui son dossier de manière scrupuleuse !

Dans les cas où la séparation physique a déjà eu lieu, lorsqu'un conjoint a quitté le domicile conjugal depuis plus d'un an, il est possible au conjoint délaissé d'assigner son ex, par le biais de son avocat, en divorce pour altération définitive du lien conjugal. À lui alors de prouver la séparation physique (copie d'un bail d'habitation avec une adresse autre que celle du domicile conjugal, factures de consommation d'eau et d'électricité avec mention de cette nouvelle adresse, témoignages et attestations, main courante au moment du départ de l'époux, ou constat d'huissier).

Si votre vie conjugale ressemble au scénario de *La Guerre des Rose**, si vous êtes victime de violences et de mauvais traitements ou si vous ne supportez plus les multiples infidélités de votre conjoint, ou si celui-ci (ou celle-ci) refuse de contribuer aux charges du ménage alors qu'il ou elle en a les moyens, votre avocat demandera le divorce pour faute.

Il vous revient alors de rassembler les preuves des faits que vous reprochez à votre époux ou épouse. Témoignages de proches ou de tiers, enregistrements de conversations téléphoniques, preuves matérielles – écrits (lettres, e-mails, SMS), photos, factures, constats d'huissiers, éventuels aveux. Le juge ne retiendra que les preuves valables et obtenues de manière légale (sans fraude). Il est ainsi interdit de piéger son conjoint, d'utiliser des conversations téléphoniques ou enregistrements sonores ou visuels pris à son insu ou même de pirater sa boîte mail : tous les coups ne sont pas permis ! Le recours à un détective privé est recevable si celui-ci est diplômé et possède un agrément du Conseil national des activités privées de sécurité.

Enfin, les témoignages des enfants sont totalement prohibés. Ils ne peuvent en aucun cas « témoigner » en faveur de l'un de leurs parents ou contre l'autre dans le cadre d'un divorce pour faute.

En raison de sa complexité, de la longueur de la procédure, parce que c'est éprouvant d'apporter les preuves de ce qu'on a vécu, subi alors qu'on voudrait oublier, parce que ça coûte cher d'avoir recours à un constat d'huissier ou à un détective privé, parce qu'il n'y a rien (ou pas grand-chose) à y gagner financièrement, parce qu'il est rare d'obtenir des dommages et intérêts à hauteur du préjudice subi, même lorsque le jugement a été prononcé aux torts exclusifs de l'autre, parce que c'est un véritable parcours du combattant qui ravive pendant plusieurs années un passé extrêmement douloureux, parce que la justice ne reconnaît pas forcément la douleur éprouvée... malgré toutes les bonnes raisons que vous auriez à demander un divorce pour faute, réfléchissez bien avant de vous lancer dans cette procédure !

D'ailleurs, pour toutes ces raisons et aussi souvent parce que les avocats arrivent à un accord avant le jugement, le divorce pour faute est de moins en moins demandé et ne représente plus que 6 % des divorces.

L'avis de l'avocat

Le divorce pour faute peut entraîner deux conséquences financières, qui ne sont cependant ni automatiques ni systématiques :

- **L'allocation de dommages et intérêts**, soit une somme forfaitaire destinée à réparer le préjudice (moral, matériel ou financier) qui a été subi en raison de la ou des fautes commises par le conjoint, mais à la condition naturellement d'établir l'existence d'un tel préjudice.
  Le simple constat d'une faute commise n'entraîne pas nécessairement la condamnation de celui qui l'a commise à des dommages et intérêts.
- **L'allocation d'une somme destinée à couvrir tout ou partie de vos frais d'avocat (article 700 du Code de procédure civile) ou de vos frais de procédure (dépens).**
  Dans les procédures de divorce pour faute, le juge est plus enclin à prononcer ce type de condamnation à l'encontre de l'époux qui est identifié comme le responsable de l'échec du mariage et, partant, qui a contraint l'autre à engager des frais de procédure.

En revanche, les torts des époux ne constituent pas légalement un critère pour fixer le principe et le montant de la prestation compensatoire, sauf dans des cas très exceptionnels (pour ne pas dire rarissimes) où l'époux ayant commis une faute d'une extrême gravité peut être privé d'une prestation compensatoire à laquelle il aurait dû avoir le droit, en équité.

Laurie Colin, avocate en droit des personnes et du patrimoine. Divorce, autorité parentale, régimes matrimoniaux, indivision, succession, filiation, adoption. Cabinet PIWNICA & COLIN

Un avocat n'est pas un magicien. C'est vous qui le guidez. Il fera ce qu'il peut avec ce que vous lui communiquerez.

ÇA SE PASSE TOUJOURS MAL

Je ne me suis jamais intéressée aux questions financières de la famille. Mon ex-mari le faisait très bien, j'avais toute confiance en lui. Je ne lui ai jamais demandé de m'expliquer les feuilles d'impôts et autres, il ne m'a jamais demandé de l'épauler là-dessus. À chacun son rôle, moi c'était plus l'organisation de la vie de tous les jours (activités des enfants, organisation des sorties, réservations des vacances...). Lui s'occupait de tout ce qui m'ennuyait au plus haut point. C'était très bien comme ça. Nous avions un compte commun et chacun un compte personnel. Il y avait bien sûr parfois des tensions avec des remarques du style : « Tu ne te rends vraiment pas compte de ce que l'on dépense » ; « Tu crois que je suis milliardaire ? » Mais si, je m'en rendais très bien compte parce que c'est moi qui payais pour les courses, les médecins, la SNCF, les activités sportives...

Alors quand je me suis retrouvée seule, j'ai été prise de crises d'angoisse. Mais comment je vais faire pour comprendre et régler toutes ces dépenses ? Sécu, impôts, mutuelle, assurances, téléphone, Internet, enfin tout, quoi ! Je savais que mon salaire ne suffirait pas. Alors non seulement mon futur ex partait pour une autre, mais en plus j'allais devoir arrêter les cafés, la gym, les restos... Ça faisait beaucoup pour une seule femme. Mais bon, à part me pendre ou gagner au loto, je n'avais pas trop le choix, il fallait que je trouve l'Avocat avec un grand A. Celui qui allait m'assurer une retraite tranquille, sans ruiner mon ex évidemment. Je n'en étais pas là. Me voilà donc en quête d'un gentil avocat. J'en parle à des amis, divorcés ou pas. Et là je me retrouve avec une liste interminable de gentils, méchants, conciliants, agressifs, drôles, tristes... Un catalogue digne de La Redoute. Très vite, je choisis une gentille, empathique, douce mais ferme. Une avocate qui coche mes critères. J'y vais, accompagnée par mon frère. C'est important de ne pas y aller seule, je l'ai compris après. D'emblée je lui annonce que : « Notre séparation va être facile, c'est un divorce avec consentement mutuel. Quand allons-nous pouvoir signer ? » Et là je reçois une douche froide. Tout en prenant des pincettes, elle m'explique : « On n'est pas dans le pays des bisounours, un divorce ça se passe toujours mal. » Puis on parle de tarifs, à l'heure, au forfait. Je commence à décrocher. Je sens mes forces qui me lâchent. Je sors de ce rendez-vous moralement épuisée. La procédure est lancée et si j'en crois la gentille avocate, les mois prochains vont être très longs et douloureux.

Dans un divorce, l'argent c'est le nerf de la guerre. On ne parle que de ça. Partage, prestations compensatoires, dépenses incompressibles, impôts...

L'argent est aussi la principale source d'angoisse, aussi bien pour celui qui va s'amputer d'une partie de son portefeuille que pour celui qui va bénéficier des prestations ou autres versements.

Alors pour ne pas augmenter la dose de stress, laissez les avocats négocier et gérer l'aspect financier. C'est leur métier. Intervenez le moins possible, sauf si on vous le demande. Vos nerfs vous diront merci ! La relation avec votre futur ex n'en sera que plus apaisée.

« LE PRIX DE L'HONNÊTETÉ

J'étais mariée depuis vingt ans. Depuis deux ans, nous n'avions plus aucune relation sexuelle avec mon mari. Je n'éprouvais plus rien pour lui, plus de tendresse, plus d'intérêt. Nada, excepté de l'ennui, de la crispation et beaucoup de tristesse.
Ses qualités que j'admirais à 18 ans (calme, patience, humour...) se sont transformées en ses pires défauts. Je ne supportais même plus les repas. L'entendre avaler bruyamment me coupait l'appétit. Patrick était au chômage depuis un an. On se disputait toujours à propos de l'argent, des dépenses inutiles. Il était radin avec mon argent, celui que je gagnais pour nous faire vivre. Ça me rendait dingue.
Ensemble, nous avons deux enfants de 18 et 20 ans. Comme moi, ils avaient du mal avec leur père, scotché en permanence devant la télé. Quand nous revenions, moi du travail et eux du lycée, Patrick était toujours là, sur le même fauteuil, démoralisé, avachi. « Le Juste Prix » a eu raison de notre couple. Au bout de deux ans, je lui ai dit : « Je pars. » « Tu vas où ? » « Chez l'avocate, je veux divorcer », lui ai-je répondu.
Avec mon salaire, je ne pouvais pas m'offrir le bâtonnier. Je suis allée au hasard, près de mon bureau. Premier rendez-vous, premier échec. 3 000 euros pour une simple procédure d'enregistrement... Une collègue m'a sauvée : « Il faut que tu fasses un divorce à l'amiable sur Internet. Moi, j'ai pris le package "divorce simple et rapide". J'en ai eu pour 580 euros TTC. En deux mois, l'affaire était réglée. »
Je ne sais pas où je vais trouver cette somme mais ça reste acceptable. Je vais demander à mes parents. Je pense qu'ils seront contents de me faire ce prêt, ils ne supportent plus Patrick. À leur âge, ils n'ont plus de filtres : « C'est un boulet ! » Piquée, je leur réponds du tac au tac : « Faut pas exagérer, c'est quand même le père de mes enfants. » Il me reste à convaincre Patrick. « Fais comme tu veux, mais en tout cas moi je ne vais pas dépenser un euro. Faut pas pousser. » Du coup je sens mal le côté « à l'amiable ». C'était sans compter sur ma collègue. « T'inquiète,

les avocats du site ont l'habitude. Ça pourrait te coûter un peu plus cher, mais ça se fait. Mais il faudra que vous ayez chacun votre avocat même si c'est toi qui paies. C'est la loi. »
Le lendemain, je me connecte et j'ai mon premier contact avec un avocat. Il m'explique la procédure et le prix de ma liberté. Après quelques heures de réflexion, je sors ma carte bleue. En tapant les trois derniers chiffres, j'ai la main qui tremble. Je suis envahie par la tristesse et la colère. Tout se mélange. Mais je suis fière, j'ai pris ma vie en main. Je fonce boire un verre ou plutôt une bouteille chez mon amie, toute nouvelle célibataire, presque comme moi…

Quand les qualités de l'autre deviennent ses pires défauts, quand le silence et l'ennui s'installent, quand l'exaspération et les tensions sont légion, quand on veut changer de vie : avançons…

Quand on veut, on peut. Et si l'on veut divorcer, il ne faut pas s'empêcher de dépenser, même l'argent que l'on n'a pas. Quitte à emprunter à qui l'on peut (banque, amis, famille…), quitte à retourner vivre chez ses parents, quitte à payer pour deux.

La volonté d'aller jusqu'au bout de ses envies, de sortir d'une emprise, de vouloir à nouveau être heureux n'a pas de prix, mais elle a un coût.

« AMNÉSIE PARTIELLE OU TOTALE

On ne s'était pas vus depuis des semaines. On s'était parlé au téléphone. Aucune conversation intime, sans doute pour se protéger, juste des phrases pour régler des histoires d'organisation, de partage, de factures à payer. Il fallait faire avancer ce « dossier ». Plus aucune chaleur entre nous, plus de connexion, juste une négociation.

Premier rendez-vous en présentiel chez mon avocat pour ce divorce par consentement mutuel. Je suis en avance. Stressée, j'ai peu dormi. De loin, je vois mon futur ex-mari arriver, taper le code et entrer. Je reste muette. Je suis tétanisée. Assez longtemps pour que mon avocat me prévienne par texto : « Tout le monde est là. » Ils m'attendent. Pas le choix. J'entre dans ce grand bureau moquetté. J'ânonne un vague bonjour. Je regarde mon mari avec qui j'ai passé plus de trente ans. Il est là avec tous ses dossiers. Nos regards se croisent. Moi je ne peux pas soutenir le sien, je le trouve glacial. Les conversations s'éternisent, j'en peux plus. Je n'écoute plus rien. Peu importe, c'est mon avocate qui parle. Je lui fais entièrement confiance. Elle me connaît bien. Elle sait ce que je veux et surtout ce que je ne veux pas. Je sais ce qu'elle va demander. On en a parlé dix fois. Je regarde dehors, je me force à penser à quelque chose de gai, de positif. Et je me revois marchant sur les plages de mon enfance. Je me revois en famille. Je me revois avec mes enfants. Mon mariage passe en un éclair. Je l'évacue. Trop douloureux. Mon avocate sent bien que je suis ailleurs. « Vous êtes d'accord ? », me demande-t-elle. Elle essaie de me remettre dans le coup. Elle a l'habitude, elle en a vu d'autres. Je respire et me force à écouter. De toute façon, je n'ai pas le choix. Nous ferons plusieurs réunions avant de parvenir à un accord. Les suivantes seront plus faciles à supporter. On s'habitue à tout. Même parfois à négocier pour aller plus loin que ce qui était prévu, « parce que ce n'est pas juste ».

Arrive, enfin, le jour de la signature chez le notaire. Il y a du monde autour de la table, le notaire, les avocats et nous. Les slides défilent. Tout est repris. La convention de divorce que j'ai déjà lue et relue et signée, envoyée en recommandé. Là aussi, je m'évade. Des pigeons s'envolent. Je m'imagine les suivre. Un nouvel envol. On ne va pas « faire l'amour avant de se dire adieu », mais on va boire un café avec celui qui est officiellement mon ex-mari. Nous avons du mal à parler, mais on y arrive. On ne s'éternise pas sur l'échec de notre vie à deux. On parle de banalités. C'est mieux.

Pour certains, la procédure du divorce est un dossier presque comme un autre. Ils le gèrent avec zéro affect. En tout cas en apparence. Pour les autres, ce moment est une véritable souffrance. Parfois, face aux attaques, aux tensions, on a les nerfs qui lâchent, on a juste envie de hurler : « Ah oui, en fait, j'ai été ta femme pendant vingt-cinq ans », ou encore : « Tu me reconnais, là ? Je suis Paul, le père de tes enfants ! » Mais comment en est-on arrivés là ?

Pour tous, ces réunions, négociations, conciliations, humiliations, transactions sont source de vraies tensions. On peut craquer, se rebeller, se lâcher, laisser sortir ses émotions. C'est la vie. Pour éviter de sombrer, laissez gérer votre avocat. Si vous ne lui faites pas confiance, changez-en.

Il n'a qu'un seul objectif : trouver un accord avec « la partie adverse » et que chacun s'en sorte au mieux.

AU NOM DE LA MÈRE

C'est tellement étrange la première fois que l'on reçoit un mail dont l'objet est votre nom d'aujourd'hui associé à celui d'hier. C'est violent. Toute une vie résumée en quelques lettres. Ça y est, on est en plein Kramer contre Kramer. Sauf qu'eux, ils ont gardé le même nom dans leur dossier. La chance !*

Je n'avais pas vu mon nom de jeune fille écrit en majuscules comme ça depuis quarante-cinq ans, depuis l'école primaire en fait. Et surtout on ne m'avait pas appelée comme ça depuis mon mariage. Depuis trente-quatre ans. J'ai vécu plus longtemps avec mon nom de femme mariée qu'avec l'autre, alors s'il vous plaît, Madame-Monsieur les avocats, laissez-moi un peu de temps. Juste un tout petit peu. Je vais y arriver, c'est sûr, mais là j'ai juste besoin de respirer pour ne pas étouffer. Merci bien.

Et puis qui dit divorce dit dépenser beaucoup d'argent. Divorcer, ça coûte cher. Il y en a même (ma voisine, par exemple) qui ne divorcent pas parce qu'ils n'ont pas les moyens de se séparer. Moi j'ai choisi le forfait 30 heures. Mais ce que je ne savais pas c'est que le compteur se déclenche au moindre appel téléphonique, au moindre mail rédigé. Alors attention si vous voulez éviter la ruine, ne parlez ni du temps ni de rien, allez à l'essentiel !
Les avocats ont leur propre langue. Il va falloir apprendre à la décoder, à se familiariser avec elle. En vrac : émoluments, convention d'honoraires, contradicteur (l'autre avocat), liquidation de la communauté, droit de partage, biens mobiliers, liquidation du régime matrimonial, taxation conditionnée à l'absence d'écrit, intérêt de votre époux, prestation compensatoire, économie fiscale, récompenses, équilibre d'un accord, diligence...
L'avantage c'est qu'on s'instruit, et ça ce n'était pas au programme.
Et tout est bien qui finit bien. Après des semaines d'échanges entre avocats (surtout laissez-les gérer, faites-leur confiance), nous signons cette fameuse convention. J'ai toujours la même signature, j'ai gardé mon nom de femme mariée, parce que mon mari était d'accord. Ah oui, ça aussi il faut le savoir, légalement votre mari peut refuser que vous continuiez à porter son nom. Vive l'égalité !

Parfois les avocats sont comme des médecins, ils manquent de tact. Dans leur communication ou dans leur attitude. On aimerait alors les inscrire à la prochaine session de formation à la communication non violente de leur barreau.

Et puis ils ont leur propre langage, on ne comprend pas toujours quand ils parlent, ça peut être une source supplémentaire d'énervement. Pas de panique. Vous allez apprendre sur le tas.

La procédure peut être longue, alors attention au compteur. Vos économies, s'il vous en reste, vous remercieront.

QUEL NOM DE FAMILLE APRÈS UN DIVORCE ?

Quand vous vous êtes marié, le plus souvent, c'est le nom de famille du mari qui est devenu le « nom d'usage » ou « nom marital ». Cela a toujours été un usage, mais pas obligatoire. En effet, quel que soit leur sexe, les époux peuvent choisir d'utiliser le patronyme de l'un ou l'autre. Si on veut garder les deux noms, on peut, bien sûr, accoler à son nom de famille le nom marital avec un trait d'union.

Mais à la suite du divorce, ce droit d'usage disparaît automatiquement et chaque époux perd le droit d'utiliser le nom de famille du conjoint. Ainsi, pour garder ce nom marital, il faut obligatoirement demander à son ex-mari ou ex-épouse le droit de continuer à utiliser son nom.

Ainsi, si les deux époux sont d'accord, pas de problème, il faut seulement le mentionner dans la convention de divorce amiable ou dans le jugement de divorce.

En revanche, en cas de refus d'un des deux époux, il faudra demander l'autorisation au juge aux affaires familiales et justifier d'un intérêt particulier de le garder : comme des raisons professionnelles ou pour le bien-être des enfants encore mineurs.

Si un époux n'est pas autorisé à porter le nom de son conjoint à titre d'usage mais qu'il le fait quand même, ou encore s'il ne respecte pas les conditions imposées (cadre professionnel ou limité dans le temps), il peut se voir interdire l'utilisation de ce nom, et éventuellement être obligé de verser des dommages et intérêts.

Que la demande soit faite au juge ou au conjoint, elle doit se faire pendant la procédure de divorce et donc avant le jugement du divorce (elle ne sera plus possible après).

Se poser les bonnes questions au moment du divorce sur quel nom utiliser n'est pas seulement un acte civil, mais est aussi psychologiquement important. Pour celles qui se sont construites avec cette nouvelle identité de femme mariée, retrouver leur nom de jeune fille peut être un moyen de tourner la page et de repartir de zéro. Pour d'autres, renoncer à leur nom marital c'est violent, c'est nier une partie de leur existence et surtout couper ce lien familial avec les enfants qui continueront à porter le nom de leur père. Il faut savoir cependant que depuis le 15 juin 2023, la procédure pour changer son nom de famille a été considérablement simplifiée. Gratuitement et facilement, les enfants peuvent choisir le nom du père, le nom de la mère ou les deux accolés dans l'ordre choisi.

2

LA TRAVERSÉE DU DÉSERT

Un tsunami d'émotions

> Un seul être vous manque, et tout est dépeuplé.
>
> ALPHONSE DE LAMARTINE

> La rupture est faite, l'amour s'est envolé : bon voyage !
>
> GEORGE SAND

Une séparation, qu'elle soit prévisible ou inattendue, anticipée ou brutale, est un bouleversement qui foudroie. Le divorce, c'est la fin d'un engagement, la mort des rêves de jeunesse. On se retrouve seul au monde.

Il faut apprendre à vivre avec cette souffrance, soigner cette blessure profonde, cicatriser les plaies qui nous rongent et s'en sortir. Tout le monde (ou presque) y arrive. Il faut du temps, parfois beaucoup de temps.

La période post-rupture est un voyage émotionnel sans bornes dont on ne sait rien. Ni combien de temps il va durer, ni où il va nous mener.

A-t-il au moins une issue ? On se retrouve comme dans une lessiveuse. Nos émotions, nos réactions, nos jugements s'entrechoquent sans aucune logique. À la fois conscient et figé dans un brouillard, nous marchons au ralenti. Mais qu'est-ce qu'il nous arrive ?

Ne pas le comprendre est souvent source de nombreuses angoisses. C'est comme si nous étions coupé en deux. On est à la fois dans et en dehors du mariage.

« Je pense toujours à lui, impossible de ne pas imaginer ce qu'il aurait dit, si nous étions ensemble. » « Je suis seul, mais en fait nous sommes toujours deux. » Notre esprit fait des ricochets entre passé, présent et futur. En fait, nous n'arrivons plus à nous positionner, ni à nous projeter dans un avenir heureux.

Psychologiquement, c'est souvent très éprouvant. Nous passons de l'amour à la haine, de la culpabilité à l'innocence…

Il faut accepter, question de survie. Le risque de vouloir tout contrôler, c'est tout simplement de se perdre. Ou d'accuser l'autre de tous les maux, de tout rejeter, de s'isoler, de se noyer dans l'alcool…

Notre corps nous envoie en général des signaux, mais la plupart du temps, nous ne l'écoutons pas, quelques cachets anti-douleur font l'affaire. Pourtant, lui sait quand ça va mal.

On perd l'appétit, on maigrit, on souffre de partout. Les douleurs du dos sont souvent de vrais marqueurs de notre état psychologique : ne dit-on pas « en avoir plein le dos » ? Le stress que nous endurons met notre corps en vrac : selon des études scientifiques, la douleur émotionnelle active les mêmes zones dans le cerveau que la douleur physique et contribue à affaiblir nos défenses immunitaires. Notre corps nous crie STOP.

Les nuits sont éprouvantes. Seul dans notre lit devenu bien trop grand, on est perdu. Impossible de s'endormir, notre cerveau est en ébullition. On se tourne et se retourne pendant des heures, on avale des somnifères, des tranquillisants, on essaie tous les remèdes de grand-mère, on arrive à compter des troupeaux entiers de mouton, à croire qu'on assiste à la transhumance. Notre chambre ressemble à un champ de lavande, on se noie dans des tisanes « Bonne nuit », « Beaux rêves ». Rien n'y fait.

La première règle pour arrêter de souffrir est, paradoxalement, d'accepter sa douleur. Alors on pleure. C'est la réponse appropriée.

Certains psys recommandent d'exorciser sa peine de manière cathartique. On écoute des chansons tristes – cela permet de se sentir moins seul, c'est prouvé scientifiquement ! –, on regarde des films qui finissent mal, ou très fleur bleue, on se répète qu'il n'y a pas d'amour heureux.

On ne parle pas de faire son deuil parce que pour nous ça ne veut rien dire. Tout le monde est encore vivant !

Il faut passer par là, pleurer, crier, être en colère...

C'est une réaction normale d'être en colère quand vous avez été trahi ou humilié, d'être jaloux quand votre ex refait sa vie trop rapidement.

C'est normal d'être au fond du trou quand on se rend compte que se séparer, c'est non seulement perdre l'autre, mais c'est aussi renoncer à un idéal de vie, une famille, des amis, un logement familial, un confort financier.

La culpabilité aussi s'insère dans ce tourbillon d'émotions négatives. Même si c'est bien fini, on a des regrets.

Si vous êtes à l'initiative de la séparation, vous vous demandez si vous avez bien fait. Et voir votre ex aussi malheureux vous déprime et vous rend coupable. Tout cela est un beau gâchis. Un immense sentiment d'échec vous envahit.

Certains peuvent passer par une phase de nostalgie : la difficulté à accepter le départ de l'autre, la culpabilité de le voir souffrir, ou le simple souvenir des débuts et des bons moments passés ensemble conduisent à revoir toute la relation de façon idéalisée.

De toute façon, on n'a pas le choix. Rêve sublimé ou cauchemar, il y a toujours un réveil !

Il est important de comprendre que cela prend du temps – et que vous en aurez peut-être plus besoin que d'autres.

Le stress post-rupture

Après une rupture, on remarque en général différents symptômes typiques d'un état de stress prolongé : rythme cardiaque élevé, fort taux de cortisol et d'adrénaline, diminution du taux de mélatonine dans le sang. Cela peut causer des insomnies ainsi que la sensation d'avoir l'estomac vide, une incapacité à ingérer la moindre nourriture.

Les symptômes physiques liés à l'état de stress engendré par la rupture peuvent être nombreux : fatigue, perte d'appétit, douleurs thoraciques, irritabilité, problèmes de digestion, insomnie, palpitations, migraines… Évidemment, ils ne se manifestent pas systématiquement, car chaque personne réagit différemment.

Dans la plupart des cas ils se dissiperont, car il s'agit de réactions émotionnelles et physiques du corps face à l'événement. Mais si les signes persistent, il faut consulter un médecin et envisager des solutions médicamenteuses et l'aide d'un psychothérapeute.

Quel que soit votre état, quelques conseils pour vous aider à diminuer votre stress :

- Discuter, échanger avec vos proches,
- Pratiquer une activité physique,
- Limiter l'alcool et la caféine,
- Faire des exercices de respiration,
- Faire des séances de relaxation (yoga ou sophrologie) ou de méditation,
- Suivre une thérapie.

« PLEURER PLUS QUE LE SAULE

Notre corps est un réservoir d'eau. Moi je ne suis pas sûre d'être normale, le mien n'a pas de fond. Enfin c'est ce que j'ai cru pendant un certain temps. J'ai découvert cette particularité anatomique juste après notre séparation et surtout après la signature de notre divorce. Je pleurais du matin au soir. Avec juste quelques pauses. Le temps de travailler, le temps de faire semblant. « Oui ça va, disais-je à mes copines, tu sais je suis soulagée. Cette séparation c'est une bonne chose. » Dans ces moments-là, il faut faire un effort considérable pour ne pas sombrer. Pour empêcher ma voix de vriller, j'avais un truc : penser à autre chose. Parler, mais s'évader en même temps. Une gymnastique d'esprit pas facile au début, mais on s'y habitue. Quitte à devenir un peu schizophrène.

La nuit je me demandais souvent : Mais, au fond, pourquoi je suis si triste ? Qu'est-ce qui cloche chez moi ? On ne s'entendait plus, on ne s'aimait plus. On a décidé de divorcer d'un commun accord. Alors pourquoi ?

Parce que, en fait, on a beau se préparer psychologiquement, vivre la séparation est une autre histoire. Alors, comme Bridget Jones, j'étais en pyjama à 19 heures, la bouteille prête à être débouchée. Au départ, je m'étais dit pas avant 19 h 30, mais

je vous avoue que plus les jours passaient, plus j'avais du mal à tenir.
J'écoutais en boucle : « Ne me quitte pas », « On va s'aimer », et quand j'allais un peu mieux j'osais me brancher sur le remix de « Everything's gonna be alright ». Mais j'étais moyennement convaincue...
Le vernis n'était pas hyper solide. Mes bonnes résolutions non plus. Dans mon placard : chocolat, fraises Tagada, Granola... Tout ce qu'il ne faut pas. La tristesse me faisait régresser. Les livres me tombaient des mains, même les BD. J'étais juste capable de regarder des séries. Et encore, il me fallait de l'action, des poursuites en voiture. Surtout pas d'histoires d'amour. Trop dur. Même quand elles finissent mal.
Sans doute inconsciemment, je ne voulais plus revivre la période où je croyais à l'amour éternel, à l'engagement de toute une vie. D'ailleurs j'ai respecté une très grande partie de ce sacrement (nous nous sommes mariés à l'église). Pas de tromperie, j'ai été une femme fidèle et, je crois, une bonne mère. Alors évidemment c'est un traumatisme de mettre un point final à tout ça. Et c'est tellement triste d'en arriver là. De n'avoir pas d'autres solutions que de pleurer.
Comment gérer les enfants, même s'ils sont grands ? Votre ex ? Qu'est-ce qu'il fait, comment est sa nouvelle amie ? Comment va être ma vie ? Et moi, dans tout ça ? Devant cette avalanche de questions, de remises en cause, j'ai aussi découvert les crises d'angoisse. Celles qui vous étouffent sans prévenir. Celles que vous ne connaissiez pas et qui font peur. Mais qu'est-ce qui m'arrive ? Je meurs, j'étouffe ? Elle n'avait pas ça Bridget Jones, si ?
La première fois, j'ai eu peur. Je ne comprenais pas. Je me disais : « Au moins je vais mourir, ça va être plus simple. » Mais non, mon cerveau au fond ne devait pas être d'accord, alors il libérait le masque à oxygène qui allait me sauver la vie. Chez moi, l'oxygène se manifestait sous forme de hurlements. Alors bien sûr ce n'est pas discret, mais c'est vital. Du coup, j'allais souvent me

promener et l'effort physique m'a permis de ne pas sombrer, ni dans mes larmes, ni dans mes crises d'angoisse, ni dans le pot de Nutella, ni dans l'alcool. Mais il s'en est fallu de peu. Le jour où j'ai changé ma playlist, j'ai su que j'allais moins pleurer.

Le repli sur soi est nécessaire pour passer à autre chose. Autorisez-vous à pleurer, à vous laisser aller. Libérez vos émotions, mais évitez les comportements autodestructeurs. Des chercheurs ont établi qu'il faut en moyenne trois mois pour dépasser ce mal-être. Sachez donc que tout ça ne dure qu'un temps.

« FAIS COMME TU VEUX

J'ai rencontré mon ex-mari à 19 ans. Aujourd'hui, j'en ai 56. Plus de trente-six années passées ensemble, fidèles. Nous nous sommes aimés et désaimés… J'ai laissé filer les années. J'ai accepté d'être malheureuse, de temps en temps, et de plus en plus. Je voulais toujours y croire et surtout je voulais offrir à mes enfants la possibilité d'être élevés dans une famille unie, ou en tout cas une famille qui en avait l'apparence.

Et puis les défauts de mon ex, son agressivité, sa toute-puissance n'ont plus été supportables. Les tensions quotidiennes, les reproches – toujours les mêmes –, les conversations en boucle ont eu raison de notre couple.

Nous nous sommes dit, ou plutôt je lui ai dit : « Il faut faire quelque chose, ça ne peut pas continuer comme ça. » Nous avons suivi des séances de psychothérapie de couple. Elles n'ont servi à rien. Réunions stériles rythmées par les éternels reproches, les éternelles discussions.

Et puis il y a eu ce dernier dîner où il m'a dit : « Fais comme tu veux, mais il me reste dix ans à être en bonne santé, dix ans pour m'amuser. Si tu veux divorcer, divorçons. »

Nous avons décidé (il a décidé) de nous séparer à l'amiable. Un an de procédure. Fin de l'histoire.
Aujourd'hui, je suis seule dans un nouvel appartement. Plus d'enfants, plus de mari. Plus rien, en fait. Un vide intersidéral. Pourtant j'ai essayé de prendre ma vie en main. Mon esprit est en ébullition, mais mon cœur est en berne. Je pleure beaucoup, je maigris (ce qui aurait pu être une bonne chose), je perds mes cheveux, je ne ressemble plus à rien et mes projets sont au ralenti. Je ne comprends pas ce qui m'arrive. Je suis perdue.

Une rupture a un impact sur notre esprit, nos émotions, mais aussi sur notre corps. On pleure, on est abîmé. S'accorder un temps de tristesse et apprivoiser sa solitude est important avant d'envisager la guérison. L'expérience de la solitude permet de renouer avec soi-même. Ce mal-être n'est que passager et ces maux disparaîtront d'eux-mêmes.

L'avis du psy

Quelques mots sur la dépression réactionnelle qui correspond à un basculement du psychisme de l'état de tristesse normale vers un état pathologique.
> *Quels sont les remèdes ? Comment s'en sortir ? Comment l'éviter ?*

DÉPRIME OU DÉPRESSION ?

Le terme « dépression », encore tabou il n'y a pas si longtemps, est souvent employé à tort dans le langage courant pour décrire les inévitables périodes de tristesse, d'ennui et de mélancolie que nous sommes tous appelés à vivre à un moment ou à un autre, sans que ce soit pour autant pathologique. Par exemple, être triste après la perte d'un proche ou avoir un sentiment d'échec en cas de problèmes professionnels est normal. Mais lorsque ces états d'âme reviennent chaque jour, sans raison particulière, ou persistent

longtemps, même avec une cause identifiable, il peut s'agir d'une dépression.
La dépression est en fait une maladie chronique, répondant à des critères bien précis. Les neuf symptômes principaux en sont : la tristesse, une perte d'intérêt et de plaisir, un sentiment de dévalorisation et de culpabilité, des idées de mort ou de suicide, une fatigue persistante, une perte d'appétit, des troubles du sommeil, des difficultés d'attention et de concentration, des problèmes de mémoire.
Après un divorce, qui peut être vécu comme un deuil, on peut être sujet à une dépression réactionnelle présentant les symptômes ci-dessus, et qui nécessite de consulter un médecin. En effet, la volonté seule ne suffit pas pour lutter contre une maladie aussi complexe. Un traitement est donc absolument nécessaire quand on souffre de dépression. Les médicaments antidépresseurs réduisent les symptômes de la dépression après environ trois à quatre semaines. Ils aident généralement à restaurer le fonctionnement normal du sommeil, de l'appétit, à retrouver le sens de l'initiative, une perception positive de la vie. Il est d'autre part conseillé de suivre une psychothérapie dont l'efficacité a été démontrée par de nombreuses études.
La psychothérapie s'appuie dans la plupart des cas sur un échange verbal, mais pas n'importe lequel. Il ne s'agit pas d'une discussion du type de celles que l'on a dans la vie de tous les jours. Il s'agit d'une relation particulière où un professionnel formé à l'écoute et à la compréhension des problèmes psychologiques propose, dans un cadre conçu pour cela, d'aborder ces problèmes d'une manière spécifique, différente de la nôtre et de celle que nos proches peuvent nous proposer. Une des règles essentielles de cette relation est de permettre l'expression de ce que nous vivons, ressentons et pensons en toute liberté, sans craindre d'être jugé ou critiqué. Le praticien est là pour entendre la souffrance,

les difficultés, les doutes ; il favorise l'expression de ce qui est réellement ressenti et nous aide à mettre des mots sur notre vécu, il nous propose donc un face-à-face avec nous-même en toute confiance, dans un cadre sécurisant. Tout est fait pour aller plus loin : nous pouvons nous regarder d'une autre façon, prendre conscience de nouvelles choses, aborder nos problèmes d'une façon différente, trouver de nouvelles réponses et des solutions efficaces.
Selon le psychanalyste J.-D. Nasio, la personne qui souffre de dépression est triste non pas parce qu'elle a perdu ce qu'elle avait, mais parce qu'elle a perdu ce qu'elle était ou encore parce qu'elle a perdu l'illusion qui lui donnait la force d'être ce qu'elle était. La dépression est une tristesse tourmentée provoquée par la perte d'une illusion.

Exercice de développement personnel

Notez toutes les émotions, les sensations que vous pouvez éprouver ; c'est ce qu'on appelle le défrichage émotionnel.
Les émotions principales sont la tristesse, la peur, la colère, la joie. Ces émotions sont un vrai langage qui permet d'accéder à la compréhension et à l'affirmation de soi. On ne peut pas tricher avec les émotions. Leurs manifestations sont physiques. Pour les repérer, il faut être à l'écoute de son corps et tenter de comprendre ce que l'on ressent.

- Quelles sont les émotions que vous ressentez le plus souvent ?
- Comment se manifestent-elles dans votre corps ?

Pour les repérer, identifiez ce que vous ressentez, et tâchez d'en percevoir les symptômes.
La peur : Je suis inquiet, angoissé, affolé.
La colère : Je suis irrité, contrarié, déçu, haineux.

La tristesse : Je suis triste, abattu, déprimé.
La joie : Je suis content, fier, grisé.

Faire ce travail de classification permet de passer du ressenti corporel à la pensée. Être à l'écoute de ce ressenti, le décrire et identifier l'émotion positive ou négative qu'il traduit nous indique qu'un besoin est ou n'est pas satisfait. Les émotions sont un signal qui communique des informations à notre cerveau et nous prépare à l'action. Ce n'est qu'une fois que vous aurez conscientisé vos émotions et les aurez acceptées que vous pourrez passer à autre chose. Vous arrêterez ainsi le processus de rumination mentale (pensées répétitives, non constructives et souvent dévalorisantes) pour concentrer votre énergie sur des actions plus productives et positives. C'est l'acceptation émotionnelle.

La tristesse

Elle fait souvent suite à un sentiment de manque, de vide ou d'absence. Elle oblige à se recentrer sur soi-même, à s'écouter. Elle indique le besoin affectif d'être écouté, consolé.

La peur

Elle permet de fuir ou de combattre le danger et nous indique notre besoin de sécurité, d'être protégé.

La colère

Pour Aristote, la vertu de la colère est qu'elle s'oppose à l'indifférence. Elle exprime un besoin de reconnaissance. Elle doit être utilisée pour faire valoir ses droits, pour apprendre à se confronter à l'adversité, et non pour se détruire.

La joie

Elle matérialise le bien-être, la satisfaction. Elle récompense nos efforts. Elle permet aussi de se protéger. À cultiver ou à consommer sans modération.

La solitude

… en chansons :

> « **Everything Will Be OK in the End. If it's not OK, It's Not the End** », John Lennon
> « **Space Oddity** », David Bowie
> « **The Sound of Silence** », Simon and Garfunkel
> « **La Solitude** », Barbara

On ne peut pas tout anticiper, mais il faut savoir que divorce rime avec solitude. À défaut de s'en faire une alliée, il va falloir l'apprivoiser. Cela va prendre un peu – ou beaucoup – de temps mais, rassurez-vous, un jour, ce sera votre force et votre richesse. Les enfants sont partis vivre leur vie, et tant mieux, c'est sûrement une de vos plus belles réussites. Votre ex est parti vivre la sienne. La colère et la tristesse font place à un immense vide et on se retrouve seul. On croyait connaître la solitude. On l'avait parfois côtoyée et même désirée, appelée de ses vœux. Aujourd'hui, on est intrinsèquement seul et on se sent abandonné. Alors on s'isole ! Spirale infernale.

Si vous avez la chance de travailler, le temps passe quand même plus vite en semaine, même si vous n'êtes plus que l'ombre de vous-même au bureau.

Au moins, vos journées sont réglées. Mais le soir, c'est la solitude qui vous ouvre la porte. Le : « Salut, c'est moi » n'a plus de raison d'être. Il va falloir quelques semaines pour que votre cerveau efface cette phrase de votre disque dur.

En attendant, vous adaptez votre rythme, vos habitudes à ce nouveau mode de vie en solo. Pour les uns c'est la radio, la musique, la télé qui s'allument dès le retour à la maison, pour d'autres, ce sont toutes les lumières. Tant pis pour la planète.

Les soirées sont longues et on se sent désœuvré. À l'heure des réseaux sociaux et des séries, on passe nos nuits devant nos écrans, à tchatter, à scroller, à swiper, à streamer, à zapper. On comble notre solitude, notre ennui, notre tristesse. Mais, branché sur son téléphone, sur sa tablette, sur son ordinateur, on dort mal et de moins en moins (les effets de la fameuse lumière bleue !). On s'épuise, on devient irritable, triste, déprimé ! CQ-NOT-FD !

Un jour viendra où vous retrouverez la force de bouger. Vous ne subirez plus, vous redeviendrez acteur de votre vie. Ce jour-là, c'est vous qui téléphonerez à des amis, qui proposerez d'organiser un déjeuner, un dîner, un apéro, un afterwork, bref une sortie, un moment de sociabilisation.

Vous reprenez alors le fil d'une histoire qui s'est brisée… En effet, le double effet *kiss cool* de la séparation, c'est la solitude sociale. Incompréhensible mais vraie. Pendant toutes ces années de mariage, vous avez organisé des dîners, des barbecues, des pique-niques. Vous invitiez vos amis, les amis de vos amis, vos collègues, tous ceux qui étaient contents de partager avec vous une bonne tranche de bonheur social. Ces repas rythmaient votre vie et celle de votre entourage. Et puis le couple a éclaté, cette bulle aussi.

SEUL

Voilà, depuis maintenant quelques jours, j'habite seul. Je me retrouve comme abandonné, face à cet abîme qui me faisait si peur lorsque j'étais en couple, et qu'il va désormais me falloir affronter. Passé la douleur physique du manque de l'autre, ou plutôt du manque de « nous », il va falloir me battre pied à pied pour ne pas sombrer.

Et c'est un combat de tous les instants, car à chaque moment de la journée peut surgir un souvenir de ma vie d'avant, celle où nous étions deux, celle qui me semblait heureuse, sinon rassurante.
Sa présence, même si nous n'échangions plus beaucoup, occupait un espace qui maintenant est vide. Il va falloir « occuper le terrain », se reprendre en main, pour moi et aussi vis-à-vis des enfants, pour essayer de diminuer leur incompréhension. Ça demande beaucoup d'énergie de les recevoir, de leur faire la conversation pendant les repas pour fuir ce silence si plein de questionnements, de se forcer pour rester à flot. Écouter de la musique, regarder ensemble un film. Bien sûr, je m'autorise le droit de craquer, de pleurer doucement devant eux. De toute façon ils ressentent mon désarroi. Je suis là, mais pas là.
Le plus dur, c'est quand ils sont chez leur mère et que la maison est vide. Rentrer du bureau et ouvrir la porte sans entendre de bruit, sans un signe de vie, c'est douloureux. Ce sont des moments de flottement où après une journée de travail, alors que j'avais repris mes automatismes sociaux, il me faut réapprendre la solitude de ces soirées incertaines. Souvent je me laisse totalement aller et je m'effondre. Je suis en colère. Je lui en veux tellement.

Ce n'est pas facile, après vingt ans de vie commune, de vivre seul. Comment gérer ce sentiment de solitude ? Il n'y a pas de mode d'emploi. On ne peut pas rationnaliser la douleur. Il faut vivre avec.

L'avis du psy

Malgré la difficulté à faire face à cette situation de manque, il est important d'accueillir le vide nécessaire à l'apprentissage, duquel peut émerger la créativité de chacun. Après maturation, il est possible de sortir de la dépendance pour découvrir le sentiment d'être.

C'est une recherche, consciente ou inconsciente, de ce noyau de vérité qu'est le vrai « *self* ». Qui sommes-nous sans l'autre ? Quelle est notre vraie personnalité, sans l'image que nous renvoie le regard de l'autre ?
C'est souvent à l'occasion d'une séparation que nous nous redécouvrons. Il faut alors s'interroger sur notre capacité à être seul.
Lors d'un accompagnement psy, on peut se découvrir immature affectivement. Cette immaturité se traduit par un manque d'estime de soi qui génère une perte de confiance en soi. On n'a le sentiment d'exister que grâce au regard de l'autre, et donc d'être à la merci des jugements extérieurs. Cette fragilité intrinsèque nous empêche de poser des limites pour se protéger et nous souffrons de cette dépendance qui peut être destructrice. De façon plus pragmatique, on peut aussi s'interroger sur l'idéalisation de notre relation à l'autre. Car qui n'a pas vécu l'expérience de se sentir seul en présence de son conjoint ?
Un travail personnel est nécessaire pour apprivoiser et assumer cette solitude nouvelle. Cela peut être vécu comme une renaissance, un renouveau, un recommencement possible. Déchargé d'une relation malgré tout contrainte, on redécouvre l'indépendance, la disponibilité, l'ouverture aux autres. Mais également la liberté de pouvoir enfin s'occuper de soi, de ses envies et de libérer sa créativité.

MON AMI VIRTUEL

Moi, mon nouvel ami c'est Google : « OK, Google, que s'est-il passé aujourd'hui ? Quels sont les programmes télé ? » Il est gentil, il me répond systématiquement. Mais parfois, je réalise à quel point je suis atteinte. Alors mon ami devient mon ennemi : « OK, Google, il y a quoi ce soir pour le dîner ? » « Malheureusement,

me répond-il, je ne peux pas vous aider. Voulez-vous reformuler votre question ? » Exaspérée et un tout petit peu lucide, je mets un point final à notre conversation : « OK, Google, stop. »
Le week-end (surtout en hiver), le temps peut être long, très long. Parfois même interminable. Impossible de squatter en permanence chez des amis, d'appeler tout le temps sa famille, ses enfants à la rescousse.
Imaginez la fin de cette conversation : « Allô, c'est maman. », « Je sais, maman, ça s'affiche sur mon tél. » « Ah oui, c'est vrai. » « Tout roule ? » « Oui, et toi ? » ...
Si nous jouons la carte de la franchise : « Non, ça ne va pas. » « Ben qu'est-ce que t'as ? ». Ce sont les chutes du Niagara. Donc on essaie d'éviter, je dis : « Bien, on essaie... »
Ou : « Oui, ça va super, j'ai marché, couru, nagé, cuisiné (pour qui ?), repassé. Je n'ai même pas eu le temps de lire, ni de regarder la télé. »
Il est midi, je suis toujours en pyjama sous la couette et même ma télé me rappelle à l'ordre : « Bouge-toi ! Je suis allumée depuis des heures, dans cinq minutes je m'éteins. »
Donc je parle pour la première fois de la journée, je parle toute seule, mais pas grave, je ne vais pas me laisser faire par l'intelligence artificielle d'une télé quand même : « Oulala, on se calme, OK ? »
C'est bon, move on *! Je vais aller faire de la gym sur YouTube. Et là, grosse flemme. Je vais sur Netflix voir si par hasard il n'y a pas une nouvelle série. Après deux épisodes, je décide, enfin, de bouger. Je vais lire. C'est bien, ça, c'est important la lecture. Bref instant de lucidité. J'ouvre mes mails pour ne pas rater l'info qui changerait ma vie. Pas grand-chose, mais une super promo pour une crème anti-âge à l'avocat. À défaut d'en manger, je vais m'en étaler sur le visage. J'achète. »*

Au jeu du roi du silence, le divorce vous propulse directement sur le trône. Vous êtes dans un royaume inconnu, il va falloir l'explorer, et apprendre à le diriger. La solitude permet une

meilleure connaissance de soi et parfois de réapprendre à s'accepter, à prendre soin de soi, voire à s'aimer.

« GRISÉ OU DÉSABUSÉ ?

À 55 ans, je suis resté marié vingt-huit ans, fidèle (sauf une fois, mais ça ne compte pas), et je suis divorcé depuis une année. Nous nous sommes séparés d'un commun accord. Beaucoup de lassitude, de tensions, mais pas de haine.

Et qui dit nouvelle vie dit premières fois et premiers moments conjugués au rythme des saisons. Il y en a des comiques, mais aussi des douloureux. Il y a d'abord eu la première femme qui m'a dragué. Marianne. Une amie de mon ex. Divorcée elle aussi depuis quatre ans. Marianne, c'est la championne. Avant même la signature du divorce, elle m'avait envoyé un texto pour m'inviter à dîner ! Premier et dernier contact avec elle. Il y a des limites à la décence. J'étais si désabusé que j'en ai parlé à mon ex.

J'avais plein de nouvelles amies. Du jour au lendemain je suis devenu beau, intelligent, musclé, sportif, gentil, attentionné. Bref, impossible de ne pas succomber à mon charme. J'étais invité tout le temps. Brad Pitt pouvait aller se rhabiller, aucune femme ne me résistait. Au départ ça m'a carrément excité. Mais ces expériences ont leur limite. En tout cas pour moi. Un jour, il y a eu Christelle. Je l'ai rencontrée à une fête. Elle était assise avec son verre de vin. Elle regardait nos amis rire et danser. Elle était spectatrice, elle était différente. La discussion s'est engagée. Elle restait indifférente à mon charme et à mes efforts pour la faire rire. Cela m'a déstabilisé et interpellé. Elle résistait au don Juan que j'étais devenu. J'ai mis un temps fou (deux mois) à la séduire, mais j'ai réussi ! On est ensemble depuis six mois.

Mes enfants ne veulent pas la voir, elle ne les intéresse pas. Ils sont contents pour moi mais ils me disent : « Papa, c'est ta vie. On verra dans plusieurs mois, mais là, vraiment, la rencontrer ? Non merci ! »

Pas facile de se retrouver père solo à 55 ans. En fait, c'était ma femme qui gérait les enfants. C'est elle qui me parlait de leurs vies, de leurs études, de leur moral. Et je dois vous dire que son absence a créé une rupture également dans la relation père/enfants. J'ai deux filles de 23 et 25 ans.
Le premier dîner a été glacial. Je parlais de mon boulot, je les questionnais sur le leur. Ça faisait réunion de bureau. Quand elles sont parties, je me suis bu deux verres de whisky. Je savais que j'avais été vraiment nul, beaucoup trop conventionnel ; mais je n'avais pas le mode d'emploi.
La semaine dernière, l'aînée m'a conseillé d'aller voir un psy : « Papa, t'es un handicapé des émotions, t'arriveras à rien et tu recommenceras à être saoulant avec Christelle qui va aussi partir en courant. Grandis un peu ! Sinon vis avec ton casque vissé sur la tête parce que le mur tu vas te le prendre en pleine tête à nouveau ! » Et là, quand on a raccroché, ce n'est pas deux petits verres que j'ai pris ! Je n'ai pas encore de rendez-vous chez le psy mais j'y pense sérieusement ! »

Il faut du temps pour s'adapter à cette nouvelle vie de parent seul. Quand les cartes familiales sont rebattues, il est difficile de reprendre la main. Créer d'autres liens familiaux, d'autres rapports humains nécessite de se remettre en question, de savoir renoncer à ses mauvaises habitudes pour ne pas répéter les mêmes erreurs.

« MON PREMIER DÎNER EN SOLO

Je pourrais écrire un guide sur les premières fois. Mais celle qui m'a le plus marquée c'est un dîner chez des copains. Cela faisait plus de six mois que nous étions séparés et je m'étais enfin convaincue d'accepter un dîner, un vrai, avec des couples et tout…

Donc, le jour J, je m'habille bien, je me maquille un peu comme autrefois... J'arrive seule dans le hall de l'immeuble et là je retrouve des amis de mes amis. Ils me disent : « Salut, ça va ? Patrick n'est pas là ? » « Euh non, on est séparés depuis six mois. » Grand blanc, grand moment de solitude. L'ascenseur arrive, j'appuie sur le 5, je respire profondément. Et là, l'amie de mon amie prend une voix d'outre-tombe : « Ah, mais non, mais c'est horrible, c'est tellement triste et pour les enfants ça doit vraiment être un choc. Comment c'est possible après trente ans de mariage ? » J'avais tellement envie de lui dire : « Surtout, mais surtout, tais-toi ! » que j'ai répondu : « Mais non, ça se passe au mieux et nos enfants, limite ils sont ravis ! » Fin de la conversation. « Ah mais non, a ajouté Mme la spécialiste du divorce après trente ans de mariage, je suis sûre que pour les enfants c'est traumatisant même quand ils sont grands. » « Mais qu'est-ce que tu en sais ? », c'est la seule réponse que j'ai pu ânonner tellement j'avais la gorge serrée, avant de m'engouffrer chez mon amie et de boire illico un verre de vin et de me promettre deux choses : ne plus jamais revoir cette personne et ne plus jamais émettre un avis tranché sur une situation que je n'ai pas vécue.

Dans cette période où l'on est émotionnellement très fragile, il faut prendre sur soi pour ne pas être trop touché par les remarques déplacées, parfois niaises et même blessantes. Ce que vous traversez, il n'y a que vous pour le ressentir. Personne ne peut comprendre ni juger. Alors dans cette tempête, restez imperméable aux réflexions des autres.

PREMIER NOËL

La solitude, ça existe. Gilbert Bécaud s'est complètement trompé. Mariée, la solitude n'était pour moi qu'un concept. Parfois un fantasme.

Avec quatre enfants, un mari, une belle-mère, un frère, des belles-sœurs, des beaux-frères et des amis, je n'ai en effet aucun souvenir d'avoir été seule plus de 24 heures. Depuis mon divorce, les choses ont changé. Et quand la solitude vous tombe dessus, c'est violent. Je m'appelle Pauline, j'ai 48 ans et quatre enfants âgés de 18 à 24 ans. J'ai été mariée vingt-cinq ans et suis divorcée depuis bientôt un an. Je ne vais pas m'étendre sur mon ex-mari parti avec son assistante. Un grand classique. Il a succombé aux charmes de la jeunesse. J'ai traversé toutes les émotions : tristesse, colère, haine, et toutes celles des « premières fois », dont on parle moins et qui sont tout autant douloureuses. Au top du palmarès : le premier Noël. Alors là, c'est le sommet. Et il faut bien s'assurer pour ne pas dévisser. Quand on est normalement équilibrée, je veux dire ni bipolaire, ni schizophrène, ni dépressive, on a du mal à comprendre comment en une signature chez le notaire on passe du statut de belle-fille, belle-sœur, tante, à celui de « fantôme » ou encore de « disparue ». Dix mois après notre séparation, mon ex-belle-famille (que j'ai invitée pendant plus de trente ans en vacances, le dimanche, pour la fête des mères, j'en passe et des meilleures) m'a totalement effacée de sa carte mémoire. De grands apôtres de la charité chrétienne, pourtant. Pas un signe de gentillesse, pas un texto de joyeux Noël. « Jouez hautbois, résonnez musettes », mais chacun chez soi. Pas très catholique tout ça. Surtout qu'ils étaient tous réunis chez moi, enfin ce qui était encore chez moi l'année dernière, comme tous les Noël depuis des années. Je m'attendais à un petit message : « Salut, j'espère que tu vas bien, ça fait bizarre que tu ne sois pas là. » Je ne sais pas, même un smiley, un sourire, une larme. N'importe quoi, mais un signe. Je n'ai eu qu'un silence abyssal. J'étais à moins d'1 kilomètre mais apparemment ils ne me « captaient » plus. Très difficile de se sentir exclue, seule. Je suis partie marcher. L'avantage c'est que ça m'a fatiguée et qu'à 23 heures je dormais. Le lendemain était un autre jour…

Mes enfants, pour qui ce Noël avait été douloureux également, sont venus déjeuner avec des cadeaux. Et on a parlé des uns, des autres. Je leur ai dit que j'avais trouvé ce silence triste, même violent, ils ont entendu. Compris ? Je ne sais pas. Une page s'était tournée.

Après une séparation, la relation à son ex-belle-famille se transforme. Faut-il ou non garder des liens avec elle ? Tout dépend de la proximité que vous aviez, de la manière dont s'est passée votre séparation et de votre volonté ou non à vouloir préserver cette relation. Tout dépend aussi de votre ressenti et de vos attentes. Vous vous êtes séparé de votre conjoint, pas de sa famille. Donc si les liens perdurent et que cela vous fait plaisir, tant mieux !

Les relations de vos enfants avec votre ex-belle-famille leur appartiennent. Et s'ils ont l'habitude d'aller voir leur grands-parents, oncles, tantes et cousins, laissez-les continuer sans les juger. Même si cela peut vous peser.

DES MOTS POUR LES MAUX : LA LECTURE EST UN REMÈDE

Quand on traverse une épreuve comme celle de la rupture, lire aide à soigner sa peine. Lire permet de s'évader, de rire, de pleurer, de ressentir et de vivre pleinement ses émotions en s'identifiant à d'autres personnages, de comprendre d'autres vies que la sienne, d'analyser la situation avec d'autres mots.

Ainsi, on peut se plonger dans des romans ou des histoires de rupture : cela nous aide alors à nous rappeler qu'on n'est pas seul à avoir traversé cette épreuve, pas seul à pleurer, pas seul à vouloir tout lâcher, pas seul à ne pas savoir comment faire face.

On peut lire des essais sur la souffrance, sur la psychologie humaine, pour comprendre, analyser ce qu'on traverse, ou comment et pourquoi on en est arrivé là.

Mais on peut aussi dévorer des livres de développement personnel pour aller mieux, pour reprendre sa vie en main, pour être guidé vers un horizon positif. On ne le sait pas encore, on n'y croit pas trop, mais un jour viendra où l'on comprendra que tout peut nous arriver.

Et dans le cas où on ne sait plus de quoi on souffre tellement on souffre, on peut feuilleter : *Remèdes littéraires : Se soigner par les livres* d'Ella Berthoud et Susan Elderkin (JC Lattès, 2015), un guide pratique choisi dans la littérature mondiale de livres pour « soulager » le mal au dos, la peine de cœur, le sentiment d'abandon, la jalousie, et même l'alcoolisme... Un éventail de maux qui pourraient apparaître familiers...

Nous avons donc demandé autour de nous quels étaient les livres qui avaient accompagné ceux et celles qui ont vécu une rupture, une séparation, un divorce.

Les romans qui nous font revivre un peu, beaucoup ou pas du tout ce que nous avons vécu, mais qui nous permettent de nous sentir moins seul :

Les Souffrances du jeune Werther de Goethe
Contrecoup de Rachel Cusk
La Guerre des Rose de Warren Adler
La Première Épouse de Françoise Chandernagor
Rien de grave de Justine Lévy
PN : Tout avait pourtant si merveilleusement commencé ! de Flora Maginelle
Tomber sept fois, se relever huit de Philippe Labro

Les livres thématiques pour analyser, comprendre ce qui nous est arrivé ou comment on en est arrivé là :

Est-ce que tu m'aimes encore ? : Se reconstruire après l'infidélité de Christophe Fauré
Le Harcèlement moral de Marie-France Hirigoyen
Les Pervers narcissiques de Jean-Charles Bouchoux
Les 5 blessures qui empêchent d'être soi-même de Lise Bourbeau

Les livres de psychologie ou de développement personnel pour apprendre à mieux se connaître, à retrouver confiance en soi, pour comprendre ce qui nous motive réellement et quelles sont nos valeurs, pour développer nos forces et nos talents… :

Une seconde vie de François Jullien
Le Pouvoir du moment présent de Eckhart Tolle
Le jour où j'ai appris à vivre de Gounelle
Cessez d'être gentil, soyez vrai de Thomas d'Ansembourg
Les Langages de l'amour de Gary Chapman
Les Quatre Accords toltèques de Miguel Ruiz
Et n'oublie pas d'être heureux de Christophe André
Transformez votre vie de Louise Hay

3
PREMIÈRES ÉCLAIRCIES

Le double « je » de la vérité

> Quand l'un des deux s'en va, c'est que l'autre s'ennuie. Et quand l'autre s'ennuie, c'est qu'il est malheureux. Or, lorsque l'un est malheureux, le devoir de l'autre est de l'abandonner... afin qu'il soit moins malheureux.
>
> SACHA GUITRY

> Le bonheur à deux, ça dure le temps de compter jusqu'à trois.
>
> SACHA GUITRY

On s'est donc retrouvé seul. Parfois c'est l'autre qui est parti, parfois c'est nous qui l'avons quitté, peu importe. Pour certains, il a fallu combattre une douleur insoutenable, d'autres ont simplement dû apprendre à vivre différemment.

Quel que soit le contexte, quelle que soit sa façon d'appréhender la situation, dans notre parcours de vie semé d'embûches ou d'épreuves, nous devons à un moment nous arrêter, mettre nos certitudes sur pause et essayer de comprendre, pour un jour éventuellement accepter et enfin nous apaiser. Pour comprendre, il faut réfléchir à ce qu'était devenu notre couple, ce qui l'a amené à se disloquer ; il faut relire sans concession notre vie en nous plaçant au centre. Le « je » de la vérité.

Ne pas se mentir, faire le bilan objectif de cette période et tenter d'analyser sa propre part de responsabilité dans cet échec, qui n'est jamais uniquement imputable à l'autre. Calmement, avec franchise, faire l'état des lieux de notre relation, de ce que l'on ressentait pour l'autre, de nos manques, de nos lâchetés, de ce trop-plein d'habitudes qui abîme, de nos certitudes, de nos secrets.

Ce n'est qu'une fois ce travail sans concession accompli que nous pourrons repartir, car lui seul nous permettra de comprendre. Comprendre le décalage entre l'image du couple parfait que nous pensions donner et la réalité de notre vie quotidienne, moins radieuse. Comprendre les raisons de nos mensonges réciproques. Comprendre pourquoi nous avons renoncé à tant de choses importantes pour préserver cette image idéale du couple amoureux et de la famille unie.

UN TEMPS D'INSPECTION : *QU'ÉTAIT DEVENU NOTRE COUPLE ?*

Au début d'une relation, chacun se montre sous son meilleur visage et fait tous les efforts pour séduire l'autre. On s'intéresse à ses centres d'intérêts, on multiplie les attentions et les égards envers l'autre. On communique beaucoup, on s'écoute et se regarde avec admiration.

Le couple est alors plein d'espoir, d'amour et de projets communs.

Puis les mois, les années passent. Les enfants naissent, grandissent et partent. Petit à petit, le décor change, les personnages évoluent et le scénario initial prend une autre tournure. Partage, complicité, rires, projets, attentions, sexualité, tant d'ingrédients qui cimentent le couple ne sont plus forcément au rendez-vous. Les envies, les centres d'intérêt ne sont plus les mêmes, les moments partagés se font rares, voire inexistants, les habitudes deviennent parfois pesantes.

Autant de signes qui auraient pu nous alerter, mais qu'on ne voulait pas voir, par peur, par confort, pour les enfants ou pour tellement d'autres raisons.

Alors ouvrons les yeux, interrogeons-nous sur ce qu'était devenu notre couple, ce qui a engendré la ou les crises. Le point de non-retour était-il atteint ? Le déclencheur visible n'est pas forcément l'unique cause du divorce. C'est un ensemble de facteurs concomitants.

Franchir cette étape de questionnement permet un début de cicatrisation. De la douleur à l'incompréhension, des regrets au ressentiment, du déni à l'acceptation, comprendre les motifs de cette rupture pour ne plus en souffrir, pour ne plus tourner en rond et se noyer dans son chagrin, est une étape clé vers un nouveau départ.

Une simple dispute, des non-dits, des malentendus n'expliquent pas la séparation définitive, car les raisons sont évidemment bien plus profondes. Souvent de nombreux signaux, ignorés ou tus, auraient pu ou dû nous mettre en garde. Les divorces tardifs peuvent être des divorces différés.

Prendre conscience de l'état réel de ce qu'était devenu le couple et ne pas rester sur son image idéalisée permet ce constat difficile et amer, et pourtant si juste. Celui de l'inéluctabilité de la séparation, de la rupture, du divorce.

Diagnostic de couple

Dans la liste ci-dessous, quels sont les signes, les comportements, les situations que vous reconnaissez ? Faites cet exercice pour vous-même ainsi qu'en vous mettant à la place de l'autre. Consigne : être honnête.

- Je rentrais de plus en plus tard du bureau
- Je ne prenais plus part aux tâches ménagères
- Nous n'allions plus au resto en amoureux
- Je ne supportais plus ma belle-famille
- Nos disputes portaient régulièrement sur des problèmes d'argent
- Je me sentais tellement seul
- Je n'arrivais plus à l'écouter sans l'interrompre
- Je n'arrivais plus à lui faire des compliments
- Je devenais agressif
- Je ne le/la regardais plus
- J'étais seul à vouloir faire une thérapie de couple
- Je fouillais dans son téléphone, dans son ordi, dans sa poubelle ou dans ses poches
- L'écouter raconter sa journée, parler de sa vie, de son travail, m'ennuyait
- Je vérifiais le compte commun
- À la maison, j'étais dans mes pensées
- Je n'arrivais plus à accepter de pardonner
- J'étais transparent
- Je me sentais dévalorisé
- Notre sexualité était mécanique, sans tendresse, sans caresses, sans préliminaires
- Je ne faisais plus d'effort pour le/la séduire, je ne me souciais plus de mon apparence
- Les dîners, les sorties étaient une comédie pour sauver les apparences

- J'évitais les moments à deux
- Depuis quelques semaines, nous faisions chambre à part
- J'allais me coucher plus tard pour éviter toute discussion ou contact
- Nous n'avions plus de complicité
- Je passais mes soirées derrière mon ordinateur
- La vie de famille n'existait plus
- Je passais de plus en plus de temps à faire du sport avec mes copains
- Je n'avais plus d'énergie, je me sentais tout le temps mal, fatigué
- Je n'arrivais plus à imaginer notre avenir à deux
- Je n'arrivais plus à répondre à la question : « Suis-je heureux ? » ou « Est-ce que je rends l'autre heureux ? »
- Je ne lui faisais plus confiance
- J'étais jaloux
- J'étais malheureux
- Je n'avais plus envie de faire l'amour
- Nous ne nous adressions pratiquement plus la parole, sauf pour des détails matériels
- Nos blagues ne nous faisaient plus rire
- Je me désengageais des projets « familiaux »
- Nous nous disputions sur l'éducation des enfants (chacun donnait son avis sans s'occuper de faire front)
- Nous nous disputions pour des broutilles
- Nous ne nous touchions plus, chacun dormait de son côté
- Chacun de nous passait son temps sur son portable en présence de l'autre
- Je refusais les propositions visant à améliorer notre situation ou à débloquer les tensions
- Ses défauts m'insupportaient, je n'avais plus envie de faire de concessions
- Je ne me souvenais plus de nos moments heureux avec enthousiasme

- J'organisais ma vie/notre vie sans lui demander son avis
- Quand ça n'allait pas entre nous, je lui en faisais porter la responsabilité

Si vous souscrivez à la majorité de ces affirmations, c'est bien que votre couple était en grand danger. Ce sont en effet autant de signaux d'alerte que vous n'avez pas vus, ou compris au moment de votre rupture.

Il est temps d'ouvrir les yeux sur cette période, aussi difficile que ce soit. C'est indispensable si un jour vous voulez remettre les compteurs à zéro, redémarrer et prendre petit à petit le chemin vers une autre vie.

UN TEMPS D'INTROSPECTION : *QUEL ÉTAIT MON RÔLE ? MA PART DE RESPONSABILITÉ ?*

Reconnaître que notre couple n'en était plus un est déjà une avancée.

Mais quand on est malheureux, on a tendance à se positionner en victime et rendre l'autre responsable de tous les problèmes. Se plaindre demande beaucoup trop d'énergie, il faut donc inverser la tendance.

Reconnaître sa part de responsabilité, essayer de comprendre pourquoi cela n'a pas marché, savoir différencier les causes réelles et celles fantasmées sont des actions indispensables pour éviter de reproduire le même schéma. Car cette vie, nous l'avions construite à deux. Nous en étions partie prenante et consentante.

Répondez honnêtement aux questions ci-dessous. Au-delà de qui on a été dans le couple, il faut s'interroger sur qui on est vraiment.

- Qu'est-ce qu'on avait en commun au début de notre mariage ? Et à la fin de notre couple ?
- Est-ce que j'ai su voir ce qui n'allait pas ? Est-ce que j'ai su en parler ?
- Est-ce que j'arrivais à combler ses attentes ?
- Qu'est-ce qu'il/elle me reprochait ? Qu'est-ce qui était vrai ?
- Quelles ont été mes erreurs ?
- Qu'est-ce qui ne me plaît plus dans le couple ?
- Étions-nous encore compatibles ?
- Qu'est-ce qui m'a fait vraiment mal ? Qu'est-ce qui lui a fait vraiment mal ?
- Qu'est-ce qu'il/elle n'aimait pas chez moi ?
- Nos querelles portaient-elles sur des questions fondamentales ou sur des détails sans importance ?
- Qu'est-ce qui ne me plaît pas du tout chez l'autre ?
- Qu'est-ce que j'attends aujourd'hui de l'autre ?
- Est-ce que j'attendais plus de présence au quotidien, ou au contraire plus de liberté ?
- Est-ce que je me voyais terminer ma vie à ses côtés ?

Quand on arrive à prendre le recul nécessaire pour analyser les choses humblement, sans culpabilité, pour identifier les erreurs que nous avons commises, c'est le premier signe d'une avancée sur le chemin du mieux.

Se remettre en question est une étape capitale pour avancer dans la vie. Cela permet de mieux se reconnecter à soi-même. D'autres moyens vous aideront à y parvenir : l'introspection et l'effet miroir, c'est-à-dire écouter ce que les autres vous renvoient, ce qu'ils perçoivent de vous. Prenez aussi en compte les remarques ou les critiques de votre entourage après cette rupture. Sachez accueillir ou au moins écouter ce qui vous est reproché.

« L'ÉTINCELLE

J'ai été mariée quinze ans, puis, du jour au lendemain, plus rien. J'ai découvert qu'il me trompait, je le lui ai dit, et il est parti la semaine suivante. Il l'aimait, m'a-t-il déclaré. J'ai passé des semaines à pleurer, à me lamenter sur l'injustice de ma situation, sur l'incompréhension des autres par rapport à ma souffrance, sur cette solitude imposée. Mes amies m'écoutaient, me consolaient, essayaient de m'aider. Puis un jour l'une d'elles, probablement agacée par mon état larmoyant, m'a dit tout le mal qu'elle pensait de lui, qu'il n'était pas à la hauteur, qu'il ne me méritait pas, que je n'étais pas moi-même quand nous étions ensemble, qu'il m'imposait tout, sa vie, ses désirs, ses copains. J'ai réalisé alors que notre histoire était en fait terminée depuis longtemps, que nous ne formions plus ni un couple ni une famille, que je ne savais plus qui j'étais. J'ai réalisé que j'étais devenue transparente, que pour lui tout était acquis, que ce que nous faisions ensemble, je le faisais parce que ça lui convenait, que nous allions toujours voir le film qui lui plaisait au cinéma, que je m'habillais avec les vêtements que je savais qu'il appréciait, que nous sortions avec ses amis et qu'il râlait dès que je lui proposais un dîner avec des gens que j'aimais. Tout ce que nous avions vécu, c'était en fonction de ce qui l'arrangeait. Il me demandait d'aller chercher un recommandé à la Poste, mais dès que je lui demandais de passer récupérer ma robe au pressing, il n'avait pas le temps. Depuis quand ne prenait-il plus en compte mes envies, mes besoins ? Je ne sais même plus s'il l'a fait à un moment. J'ai alors eu comme un déclic. Il fallait que j'avance, que je me reprenne en main. Je voulais vivre une vie sans comédie ni faux-semblant.

Il faut un déclic, une prise de conscience : une remarque au bon moment nous permet parfois de réaliser qu'on ne formait pas le couple idéal auquel on croyait. Le fait d'ouvrir les yeux sur la réalité permet de mieux comprendre nos sentiments et nous aide à adopter un nouveau regard sur la vie.

« LES PAPILLONS DANS LE VENTRE

Nous avons été mariés vingt-cinq ans, mais nous ne faisions plus l'amour depuis des années. Les choses se sont lentement dégradées. Une sorte de routine sexuelle nous a progressivement éloignés. Je n'arrivais plus à lui donner du plaisir, ni à en recevoir. Nous n'en parlions pas, car il restait néanmoins entre nous une certaine complicité et une forme de tendresse.

Et puis un jour j'ai rencontré Paul, qui lui aussi était marié. L'attirance a été immédiate. C'était impossible pour moi de tromper mon mari, pourtant le désir, les papillons, tout était là. Nous nous sommes revus, nous avons craqué, nous étions légers. Je revivais, je retrouvais ma féminité, mon enthousiasme, le désir et l'envie de plaire.

Nous avons choisi la possibilité d'une nouvelle vie sans mesurer les dommages collatéraux pour nos conjoints respectifs et nos enfants. Cela a été une période extrêmement compliquée : j'étais à la fois heureuse de mon choix et très épanouie dans ma vie avec Paul, mais néanmoins rongée par la culpabilité d'avoir détruit cette famille que j'avais contribué à créer.

Puis un jour, après un peu plus d'une année plutôt conflictuelle, plutôt isolée de ma vie d'avant, j'ai appris par des amis communs que mon ex-mari avait rencontré une autre femme, qu'il était transformé et qu'elle était top. J'ai trouvé cela terriblement maladroit de leur part de le préciser. Pourtant cela a été un déclic, je me suis repassé dans la tête nos dernières années de couple, le déclin sans fracas de notre relation et je me suis aperçue que notre couple s'était éteint, et nous avec. Et que, finalement, cette deuxième vie qui s'offrait à nous était une chance… pour nous deux.

Souvent les signes précurseurs sont là, mais on ne veut pas les voir. Si l'absence de relations sexuelles, même assumée, s'installe insidieusement dans la vie du couple, elle crée une distance entre les partenaires qui petit à petit devient une barrière infranchissable.

L'avis de la sexologue

En sexothérapie, le couple est une entité à part entière. Il a sa propre dynamique, sa propre histoire : aussi bien psychique et émotionnelle que physique et sexuelle, sans oublier sa dimension sociale. Le rôle de la sexualité dans le processus de formation, de construction et de durabilité du couple semble être un rôle fondateur important pour une majorité de couples. Il n'y a pourtant pas de règles en la matière en sexothérapie de couple : certains peuvent avoir une bonne santé relationnelle sans une bonne santé sexuelle, et inversement.

Il faut régulièrement rappeler en séance que la sexualité n'est pas linéaire. C'est une vague, un apprentissage perpétuel qui demande de la flexibilité mais aussi une bonne communication, de la confiance et du respect au sein du couple. L'objectif, même après vingt ans de vie commune, serait de comprendre notre langage sexuel du moment, se connecter à ses désirs sans mettre de côté ceux de l'autre, apprendre encore à donner et recevoir du plaisir, nourrir la tendresse, la sensualité, l'érotisme… C'est tellement difficile à faire !

L'activité sexuelle constitue pourtant bien l'un des langages les plus universels. À travers les témoignages, nous comprenons à quel point elle vient nourrir une forme d'intimité, de lien, de connexion, qui va finalement bien au-delà du sexuel. En tant que sexologue, il m'arrive donc très régulièrement de recevoir des couples venant avec un souci d'ordre sexuel qui masque un problème plus fondamental. C'est l'arbre qui cache la forêt. Il est parfois plus simple de dire « J'ai mal pendant nos rapports » plutôt que de dire « Je n'ai plus envie de toi ». Il est plus facile de dire « Notre sexualité n'est pas satisfaisante » plutôt que de dire « Je t'en veux, je n'arrive pas à te pardonner ». Tout comme il est parfois plus aisé d'aller voir ailleurs plutôt que de se confronter à

la réalité du couple. L'infidélité n'est pas toujours synonyme de désamour...
Il n'est jamais trop tard pour se faire accompagner afin de se reconnecter avec nos aspirations profondes et ouvrir un nouveau chapitre de sa vie sexuelle et affective.

Margot Maurel,
Sexologue clinicienne, ostéopathe D.O.

« L'AUTRE CÔTÉ DU MIROIR

Ah là là, je n'ai rien compris ; j'étais dingue de lui. Je n'avais connu que lui. On s'était rencontrés pendant nos études. Jobs, expatriations, trois enfants, vie en accéléré, adaptation permanente. Nous étions heureux. Des projets, nous en avions toujours, la routine, on ne connaissait pas. On partait en week-end ou en vacances avec amis et enfants et copains des enfants. Même après quinze ans de mariage, on s'organisait des rencontres coquines dans des hôtels pas loin de nos bureaux. Dingue ! Mes copines ne me croyaient pas. Je faisais tout pour que tout soit au top. Nous étions le couple idéal, ou presque.
Et puis un jour, gros coup de fatigue, perte de poids. Je consulte : cancer du sein !
Et là tout change. Je me bats, mais seule. Xavier ne bouge pas. Je guéris, mais notre relation se dégrade. Je quitte mon job et décide de prendre du temps pour moi : cours de gym, de philo, de sculpture, balades dans Paris, shopping avec mes grandes ados, apéro afterwork avec mon fils, déjeuners avec les vieux copains ou copines qu'il ne voulait pas voir. Lui rentre de plus en plus tard du bureau, continue à être le joyeux luron en société, mais se tait à la maison. J'essaie de lui parler, mais en vain. Et puis un jour, je découvre qu'il me trompe. Je suis anéantie. Quand nous évoquons cette infidélité, il me propose de rester mariés

mais de vivre sa vie chacun de son côté, en clair de légitimiser son infidélité. Au début j'accepte, pour moi, pour les enfants, pour l'image, pour plein de raisons. En fait c'est épuisant, invivable, minant, destructeur. Je finis par demander le divorce. « Si c'est ce que tu souhaites », me répond Xavier. En fait, il s'allège ainsi du poids de la culpabilité d'avoir tout foutu en l'air. C'est donc moi qui ai alors dû tout supporter. Les « Pourquoi tu ne pardonnes pas ? », les « Pourquoi tu casses tout ? Vous étiez si beaux », les « Maman, papa est malheureux », les « Tu peux pas nous faire ça ! ». Tout ça pour me rendre compte après des mois de thérapie qu'en fait je portais tout depuis toujours, que notre couple ne reposait que sur la légèreté et la facilité, que je n'avais jamais eu de temps pour moi et que ce cancer et cette rupture avaient été un déclencheur pour une nouvelle vie apaisée, joyeuse et sereine.

Parfois la rupture met en évidence la fragilité des fondations du couple qui s'est effondré à la première tempête. L'image renvoyée ne correspond évidemment pas toujours à la réalité.

« UNE GRANDE CLAQUE

Énième crise, de retour d'un dîner pendant lequel j'ai trop parlé, paraît-il. J'ai monopolisé la parole, je n'étais pas drôle, « comme d'hab ». « Ça ne peut plus durer, tu es insupportable, tu méprises les gens, tu ne penses qu'à toi », m'a-t-il dit en remplissant son sac de voyage. Puis il a claqué la porte et il est parti. Le premier soir, je me suis dit qu'il était fatigué, stressé par son boulot, qu'il allait revenir. Le lendemain puis les jours suivants, j'ai fait comme si tout allait bien : métro, boulot, dodo. Des réunions qui s'enchaînent dans la journée, des dîners et des séries Netflix pour remplir mes soirées. Tout allait rentrer dans l'ordre. Et puis, une semaine après, en rentrant du bureau, je me suis aperçue qu'il était passé dans la journée et avait rassemblé le reste de ses affaires. Il y avait ce mot laissé sur la commode : « Je n'en peux plus, tu m'étouffes, je veux divorcer. On ne peut plus jouer à faire semblant. J'ai trouvé un avocat, tu vas recevoir une lettre. Tu peux rester dans l'appartement. » Cela m'a rendue dingue. Comment pouvait-il me quitter après tout ce que j'avais fait pour lui : élever ses enfants, recevoir ses amis, ses relations professionnelles, gérer sa vie tout en gérant ma propre carrière, que j'avais forcément dû un peu sacrifier à cause de mes grossesses. Me faire ça à moi, alors que je faisais tout pour lui. Il n'avait pas le droit ! « Ce n'est qu'un minable, il ne retrouvera jamais une fille comme moi, il veut la guerre, il l'aura », ai-je expliqué à l'avocate que m'avait recommandée une collègue de bureau. « C'est une coriace, m'avait-elle dit. Elle ne lâche rien, elle a plumé le mari d'une copine. » Je n'ai rien cédé. J'ai continué à bosser comme si tout allait bien, à multiplier les sorties, me nourrissant de ma colère. Notre divorce a duré dix ans. Ma fille aînée ne me parle plus, mes fils sont partis travailler à l'étranger et reviennent peu souvent. Mon ex-mari a refait sa vie. Nos amis communs ont pris son parti. Aujourd'hui, j'ai des aventures sans lendemain sur Tinder ou d'autres sites de rencontre qui me laissent de plus en plus amère. Mon seul allié, c'est mon psychanalyste. Si c'était à refaire, je changerais tout. Mes faiblesses, je les accepterais ; des attentions, j'en aurais ; ce sentiment de toute-puissance qui m'avait construite, je m'en affranchirais. Cette guerre post-divorce, je ne l'aurais pas menée. Ce divorce a été une grande claque. À l'époque, je ne savais pas comment survivre à cet abandon. J'ai donc réagi en utilisant la seule tactique que je connaissais : le combat. Alors que je n'étais même pas attaquée, juste abandonnée.

Il est important d'effectuer une remise en cause personnelle pour pouvoir juger de sa part de responsabilité dans l'échec du couple et ainsi être capable de construire une vie nouvelle par la suite.

Exercice d'introspection

Réaliser un exercice d'introspection écrit, c'est réfléchir à ses comportements, son mode de fonctionnement. Cela peut aussi servir d'exutoire.
La thérapie par l'écriture facilite la distanciation entre soi et le contenu exprimé, permet de déposer ses pensées sans filtre, sans jugement, et de les visualiser.

Les bienfaits :
- Apaiser les tensions et le stress
- Mieux se connaître, mieux se comprendre
- Améliorer l'estime de soi, s'accepter
- Reprendre sa vie en main

Exercice 1 : Mon rapport au couple
Écrire une lettre en 4 parties :
- Ce que j'ai attendu de toi
- Ce que je n'ai pas reçu
- Ce que j'ai subi de toi que je ne désirais pas
- Ce que le couple représente pour moi

Exercice 2 : Ma relation aux autres
- Quelles sont les qualités les plus importantes pour moi dans une relation ?
- Qu'est-ce qui me donne confiance en l'autre ? En moi ?
- Qu'est-ce que j'admire chez les autres ?
- Qu'est-ce que les autres admirent chez moi ?

« JE N'AI JAMAIS RÉUSSI À LUI PARDONNER

« J'ai divorcé il y a douze ans, cela a été terrible. Une escalade de haine, de propos dénigrants, de remarques blessantes. Pourtant

ni lui ni moi ne sommes malades au sens propre du terme. Je ne suis pas violente. Lui non plus. Nous n'avons jamais frappé nos enfants. Nous en avons eu trois. Nous nous sommes toujours disputés, un peu comme un mode de fonctionnement tacite. Nous nous sommes connus à 24 et 26 ans : un coup de foudre instantané, passionnel. On ne pouvait pas se passer l'un de l'autre, mais quand on était ensemble, nos rapports étaient électriques, dégageant parfois une énergie positive, communicative et un peu folle, et créant à d'autres moments une tension explosive. Nous avons passé vingt ans d'amour, de projets, de disputes et de désamour. Les enfants, eux, grandissaient, étudiaient, avaient des copains, bref s'en sortaient, même si les convocations chez la maîtresse, chez le professeur principal ou parfois les directeurs d'école ou de lycée rythmaient souvent nos années scolaires. Petit à petit, les disputes étaient devenues de plus en plus fortes et on arrivait de moins en moins à se réconcilier. Jusqu'au jour où ce qui n'aurait dû être qu'une énième querelle a pris des proportions que nous n'aurions jamais imaginées. Nos éclats se sont transformés en pugilat, et notre cadet, qui était à la maison, a dû appeler la police. Cela a marqué l'arrêt définitif de notre couple. Nous avions honte de nous être mis dans un état pareil, d'être devenus incontrôlables, et en plus devant notre fils. Nous avons décidé de divorcer. S'est ensuivie une guerre ouverte où tous les coups étaient permis, où tout était prétexte à en vouloir à l'autre. Chacun faisant porter à l'autre l'échec de notre couple et bien sûr de notre famille. Car personne n'a été épargné. Dans cette guerre des Rose, nous avons pris les enfants en otage, en émissaires, en confidents. Et tout est parti en vrille. Aujourd'hui, nos rapports avec nos enfants sont mauvais et je dirais très fluctuants, variant en fonction de leurs besoins ou de leur mal-être. L'aînée a fait sa vie, comme on dit. Elle a un job, un mari et deux enfants et habite à 600 kilomètres. Nous assurons le minimum syndical de la relation affective familiale : les anniversaires et les Noël (un sur deux bien sûr, je n'ai pas du tout envie de croiser mon ex) sont les seules occasions que j'ai de voir mes petits-enfants. Le deuxième est parti voyager pendant plusieurs années dans le cadre de ses études et s'est installé avec sa copine au Danemark. Le dernier n'a pas voulu poursuivre ses études, il continue à enchaîner des petits boulots qui se soldent souvent par un renvoi. Il n'a pas de domicile fixe, il habite en colocation avec des copains et se drogue. Ce tableau que je dresse est un véritable échec et j'en suis malade. Je n'arrive pas à avoir une relation stable avec quelqu'un. Je vis, mais j'ai beaucoup de mal à être heureuse. J'ai encore une vraie colère contre mon ex-mari que je n'arrive pas à canaliser. Je le déteste pour tout ce qu'il m'a fait vivre. Il m'exaspère. Tout ce qu'il fait m'est insupportable. Malgré toutes ces années depuis notre séparation, nous n'arrivons à avoir des rapports apaisés que quand les problèmes des enfants nous réunissent, mais cela dégénère vite. Quel gâchis !

Les situations d'amour-haine se retrouvent souvent chez les individus à fort égo qui malgré l'amour qu'ils ressentent ont du mal à voir évoluer l'autre différemment de ce qu'ils en attendent. On voit les défauts de l'autre mais pas forcément les siens. Personne ne se remet en cause. Cette obstination à ne pas vouloir avancer, à ressasser le passé, à ne pas dépasser l'échec enferme tout le monde dans une situation de déconstruction. Chacun se protège comme il peut. Il est très difficile pour des enfants de voir que leurs parents n'arrivent pas à tourner la page. Le respect mutuel est une clé d'épanouissement aussi bien dans le couple que pour aider les enfants à construire une vie harmonieuse. Un travail sur soi est nécessaire.

Exercice de développement personnel pour couper les liens toxiques ou les liens d'attachement malsains : « Le bonhomme allumette » mis au point par le thérapeute Jacques Martel

Vous continuez à subir l'emprise de votre ex-partenaire, vous êtes toujours attaché à votre ex, même si vous avez bien compris que ce n'était pas réciproque, vous n'arrivez pas à vous épanouir complètement... Cet exercice peut vous aider.

Il a pour but de couper consciemment et inconsciemment les liens émotionnels néfastes qui vous lient à une autre personne ou de vous aider à sortir d'une situation qui vous stresse. C'est un exercice symbolique qui peut vous permettre de prendre du recul et de vous libérer.

Comment procéder ?

Vous avez besoin d'une feuille de papier, de crayons de couleur, et d'une paire de ciseaux.

Commencez par dessiner un petit bonhomme allumette vous représentant, avec vos nom et prénom.

Dessinez à côté un deuxième bonhomme-allumette, censé représenter l'autre personne avec ses nom et prénom (ou le problème à régler, libellé dans un rectangle).

Dessinez autour de chaque bonhomme un cercle de lumière, censé matérialiser le positif que vous souhaitez pour l'un et pour l'autre.

Tracez autour des deux bonshommes allumettes un grand cercle de lumière symbolisant le meilleur, le positif.

Ensuite dessinez en couleur (pas obligatoire) les sept liens d'attachement conscients ou inconscients qui vous lient à

cette personne au niveau des différents centres d'énergie qui correspondent aux sept chakras : le sacrum, le nombril, le plexus solaire, le cœur, la gorge, le troisième œil, et la couronne au sommet du crâne, en partant du bas vers le haut, et de gauche à droite.
Ces chakras, en médecine ayurvédique, sont des points d'énergie qui agissent aussi bien sur le plan émotionnel que mental et spirituel.
Coupez à l'aide d'une paire de ciseaux chaque lien, en partant du bas et en récitant une phrase telle que « Je libère ce chakra (ce point) de toute émotion ou de tout blocage négatif », sans toucher aux cercles individuels.
Avant de découper définitivement le grand cercle de lumière qui englobe les deux bonshommes allumettes, vous pouvez prononcer une autre phrase telle que « En coupant cette feuille, je suis confiant(e) dans l'avenir et je défais ces liens d'attachement entre toi et moi ».
Lorsque les deux parties sont découpées, vous pouvez jeter ou brûler chaque morceau en commençant par la partie vous concernant et en finissant par la partie concernant l'autre personne.

Cet exercice qui, bien sûr, est essentiellement symbolique doit être réalisé avec concentration pour permettre un travail sur l'inconscient, comme dans une situation d'hypnose.

On peut aussi l'utiliser pour travailler sur des traits de caractère : ce que je souhaite être, ce que je ne veux plus être, par exemple.

La stratégie des petits pas

> Il est bon de suivre sa pente, pourvu que ce soit en montant.
>
> ANDRÉ GIDE

> Nos désirs sont les pressentiments des possibilités qui sont en nous.
>
> GOETHE

Le temps qui passe nous permet d'apprendre à lâcher prise et adoucit nos peines. Au début de la séparation, la rupture est omniprésente, on ne pense qu'à ça. Puis la vie nous accorde quelques minutes de répit par jour, puis quelques heures, parfois il nous arrive de ne pas y penser du tout pendant toute une journée. Et puis un jour on se surprend à ne plus pleurer, à avoir envie de se changer les idées...

On retrouve petit à petit l'envie de faire des choses nouvelles, de sortir de notre bulle. On se rapproche de notre famille, de notre garde rapprochée ; on accepte même quelques invitations.

Petit à petit, on reprend goût à la vie. On est plus léger, plus ouvert.

Enfin, on commence à assumer, on arrive même à verbaliser l'indicible : « Oui, je suis séparé » ; « Oui, je suis en plein divorce » ; « Oui, j'ai été quitté ».

On a des projets, des envies d'avancer. Quelle que soit la raison (financière, judiciaire, pratique) pour laquelle on vit toujours dans « l'appartement conjugal et familial », il est temps d'envisager un changement. Et pourquoi pas de sortir de ce cocon qui aujourd'hui ne nous protège plus forcément, voir même nous maintient dans cette apathie chronique dont nous devons nous extraire.

Osons donc déménager. Quittons cet endroit, symbole d'une époque révolue, celle des jours heureux en famille et de jours plus douloureux ponctués de mauvais souvenirs. Ceux de la déconstruction de notre couple bien sûr, et ceux plus récents de cette post-séparation.

Emménager ailleurs, c'est aller vers l'inconnu, mais c'est surtout commencer une nouvelle vie. C'est une étape importante vers la libération.

Même si cela va être compliqué, même si c'est difficile de tourner la page, même si cela demande beaucoup d'énergie, il faut sauter le pas. Si on ne peut pas déménager, on envisage l'opération relooking complet : on modifie l'agencement, on change la déco, on repeint. De toute façon, on commence par ranger, nettoyer, puis trier et vider. On n'emportera ou on ne gardera que l'essentiel.

Une fois installé, vous vous sentirez peut-être un peu perdu, un peu déstabilisé. Appropriez-vous ce nouvel espace, décorez-le selon vos goûts et préférences. Évitez d'afficher les souvenirs de votre relation passée.

Et puis, si vous hésitez encore, sachez que ce sera toujours plus agréable pour le ou la *next* de se retrouver dans un lieu qui n'est pas lié à votre ex.

Changer de cadre, c'est bien. Changer de mentalité, c'est encore mieux.

Les différentes phases de déni, de colère, de dépression que nous avons traversées, avec plus ou moins de violence et d'émotions contradictoires, étaient un mal nécessaire qu'il est temps de laisser derrière soi. Si le temps est bien sûr notre allié, notre esprit l'est encore plus. Ce sont les pensées, les idées noires qui tournent dans notre tête qui sont responsables de notre souffrance, de notre mal-être. Positivez, sortez, bougez pour sortir de cette spirale.

Accepter la situation permet d'entrevoir un peu de ciel bleu ! Commencez à voir les choses différemment, à penser aux aspects positifs.

Cette sortie entre amis, ce déjeuner familial ne sont finalement pas si pesants. Virginie souhaite vous faire rencontrer sa cousine divorcée, eh bien, acceptez l'invitation. Valérie veut que vous veniez à son cours de yoga car elle pense que cela vous fera du bien, allez-y. Elle a raison même si vous pensez que ce n'est absolument pas « votre truc ».

Maxime vous propose de venir à cet apéro de célibataires, laissez-vous tenter.

Et puis ce sera peut-être drôle. Une des manières de tenir debout, c'est de rire. Il faut réapprendre à rire.

Le retour à la vie sociale permet de rencontrer de nouvelles personnes, peut-être de trouver un nouveau job, mais surtout de vivre de nouveaux moments de partage, de plaisir, de vie tout simplement.

Puisqu'un mariage sur deux se finit par un divorce, beaucoup de gens sont passés par là et peuvent vous soutenir, vous distraire, vous écouter.

Acceptez de vous livrer, de parler, même si vous avez l'impression de ressasser les mêmes choses, les mêmes rancœurs ou blessures. En effet, pour de nombreux psychologues, se confier permet de se remettre plus vite d'une séparation.

Pour une femme, ce sera plus facile. Une femme est capable de raconter à tous, que ce soit à sa mère, à sa sœur, à sa meilleure amie, sa coiffeuse, que son ex est un salaud, un loser, un pervers, et ainsi soulager sa peine.

En revanche, l'homme a du mal à exprimer son intimité émotionnelle ou son ressenti. Pour lui, question d'éducation peut-être, parler n'aide pas à surmonter ni dépasser la douleur. Ça ne se fait pas ! Pudeur et silence lui sont plus familiers. Il n'évacue pas ses émotions négatives et les garde en lui.

Il peut donc être opportun d'aller voir un psy (psychologue ou psychanalyste) pour parler et s'alléger un peu de la lourdeur de la situation et du contexte.

Si vraiment vous n'avez personne à qui vous confier, écrivez ! C'est salvateur.

Si vous n'y arrivez pas, vous pouvez par exemple vous astreindre à écrire dix lignes par jour. Même si ce que vous écrivez n'est pas toujours significatif, cet exercice quotidien a non seulement quelque chose de libérateur, mais en plus il vous pousse à produire quelque chose quotidiennement, ce qui constitue un nouveau défi. CQFD.

Le tiercé gagnant pour aller mieux, c'est savoir ce que l'on veut ou bien déterminer ce dont on ne veut plus, gérer sa vie sans être en permanence influencé par l'avis de l'autre, et assumer ses décisions.

N'ayez pas peur d'être égoïste. Faites des choses pour vous, des choses qui vous font du bien. *Meet yourself* avant Meetic ! C'est indispensable. C'est ainsi qu'on avance vers une vie qui nous ressemble, qui nous rend notre amour-propre. L'idée n'est pas de renier son passé. Il faut simplement l'accepter, accepter le changement.

Mais pour agir ou pour oser, il est essentiel de repartir sur de bonnes bases : se connaître, bien sûr, mais surtout regagner son estime de soi.

L'estime de soi contribue au bonheur et à la réussite. Elle rend la vie plus simplc, plus légère. Quand on a de l'estime pour soi, on se sent capable d'entreprendre, on est moins tributaire de l'avis des autres.

L'estime de soi

C'est un état d'esprit qui consiste à se dire que l'on a de la valeur, qu'on est unique et important. C'est se connaître et s'aimer avec ses qualités et ses défauts, ses potentialités et ses limites. C'est s'apprécier et s'accepter comme on est.

L'estime de soi se construit dès l'enfance, grâce au monde extérieur, essentiellement la famille et l'école. « Avant de se voir, l'enfant se voit dans les yeux de son parent le regardant. » Dans l'enfance, ce sont les mots prononcés, les encouragements, la reconnaissance, la disponibilité, le respect et la confiance qui nourrissent l'estime de soi. Sa construction n'est pas seulement liée à nos compétences et nos capacités, mais aussi à la façon dont nous avons perçu le regard des autres sur nous-même. Elle nous permet de grandir sereinement, de surmonter les épreuves et surtout de s'autoriser à être heureux.

Elle repose sur 7 piliers :

1. L'amour de soi : s'aimer malgré ses défauts et ses limites, se dire que l'on est digne d'amour et de respect.
2. L'image de soi : poser un regard apaisé sur soi-même, sur son aspect physique comme sur sa psychologie. Elle intègre une grande part de subjectivité.
3. La connaissance de soi : connaître ses capacités et ses limites, apprendre à tirer le meilleur de ses qualités et accepter ses faiblesses. Elle facilite les relations avec les autres.
4. L'affirmation de soi : savoir dire ce que l'on veut, s'autoriser à être soi-même.
5. La confiance en soi : savoir qu'on est capable d'affronter une situation car on a les ressources nécessaires pour le faire. Elle influence la motivation, la persévérance.

6. Le respect de soi : savoir s'aimer avec suffisamment de confiance pour pouvoir s'affirmer et faire passer ses désirs avant les attentes des autres.
7. La maîtrise de soi : être capable d'exprimer ses émotions à leur juste intensité.

L'estime de soi, c'est l'acceptation et l'appréciation de ce que nous sommes.

Elle n'est pas donnée une fois pour toutes. Elle a besoin d'être entretenue, restaurée ou renforcée. Quelques pistes à suivre pour la renforcer :

- Développer une attitude optimiste
- Être bienveillant envers soi-même
- Être fier de ce que l'on fait
- Éviter la comparaison avec les autres
- Relativiser ce qui nous arrive
- Faire du sport

Connaître ses forces et ses faiblesses est essentiel. Lorsqu'on se connaît bien, on a davantage confiance en soi et on s'affirme plus facilement.

Les 9 clés de l'estime de soi :

SOI	ACTION	AUTRE
1 *Se connaître*	**1** *Agir*	**1** *S'affirmer*
2 *S'apprécier*	**2** *Faire taire la critique intérieure*	**2** *Être empathique*
3 *Être honnête envers soi-même*	**3** *Accepter l'idée de l'échec*	**3** *Savoir s'entourer*

Exercices pour renforcer son estime de soi

La méthode Coué : développez une pensée positive en vous répétant tous les jours que vous êtes génial. Cela va agir sur votre subconscient et bientôt vous en serez convaincu. Choisissez évidemment une phrase qui vous plaît, à laquelle vous croyez, dans laquelle vous pourrez puiser de la force.
Inscrivez quatre bonnes raisons de vous aimer :

1. ....

2. ....

3. ....

4. ....

Quelle caractéristique unique contribue le plus à votre estime de vous et vous donne confiance en vos capacités ?
Nommez un moment où vous vous êtes senti fier de vous-même.
Quel est le plus beau compliment qu'on vous ait jamais fait ?
Quelle phrase positive avez-vous entendu le plus souvent pendant votre enfance ?
Est-ce qu'elle résonne toujours en vous ?

Il est important de suivre son propre rythme, et non les injonctions des magazines ou les conseils plus ou moins avisés des bons copains ou des bonnes copines qui sont peut-être déjà passés par là. Il faut bien sûr les écouter, mais toujours savoir déterminer ce qui est vraiment bon pour vous. N'oubliez pas que chaque cas est unique. Accordez-vous du temps pour faire ce qui vous plaît. Lancez-vous des défis quotidiens : qu'aimeriez-vous faire ? Vous n'avez jamais osé, alors c'est le moment !

Exercice : La liste de mes envies

Dressez la liste de vos envies. Qu'auriez-vous envie de faire à plus ou moins court terme ? Chaque énoncé doit être libellé de manière positive. Voici quelques exemples :

- Reprendre le sport
- Revoir des amis que l'on ne voit plus
- Aller voir un psy
- Peindre
- Rejoindre une troupe de théâtre amateur
- Sortir entre amis
- Aller au théâtre
- Aller chez le coiffeur
- Découvrir de nouveaux endroits
- Rencontrer des gens en train de divorcer ou divorcés
- Ne rien faire
- Organiser un dîner chez soi en faisant appel si besoin à un traiteur
- Envisager de déménager
- Manger équilibré
- Changer d'air
- Partir en week-end
- S'offrir quelques jours en thalasso
- Faire une randonnée à vélo
- Partir s'initier au kitesurf
- Voyager
- Faire partie d'une chorale
- Se mettre à cuisiner de bons petits plats
- S'inscrire à un cours de zumba

....

Parcourez cette liste, enrichissez-la éventuellement de désirs plus personnels et choisissez-en dix qui deviendront autant d'objectifs à réaliser. Ils peuvent devenir ces petites victoires qui apportent avec elles un peu de bonheur quotidien. Parmi eux, choisissez-en un ou deux auxquels vous tenez particulièrement et efforcez-vous de les mettre en œuvre rapidement.

Exercice : Les 3 choses positives de ma journée

Consacrez dix minutes par jour à noter trois choses positives qui vous sont arrivées dans la journée, et tâchez d'en identifier les causes. Cela vous aidera à vous concentrer sur ce qui est positif dans votre existence et à comprendre ce dont vous voulez pour construire votre nouvelle vie.

Tout moment, aussi anodin soit-il, toute sensation ou anecdote, aussi futiles soient-elles, ayant provoqué un sentiment ou même une légère sensation de bonheur doivent être consignés. Cela peut aller du rayon de soleil à l'arôme du café, du sourire d'un vendeur au tube préféré entendu à la radio. Il peut s'agir de sensations, d'actions réalisées ou vécues, d'attentions données ou reçues…

Si vous préférez utiliser les outils digitaux pour faire cet exercice, des applications ont été conçues pour faciliter cette pratique, comme par exemple 3 Good Things, Reflectly, Happyfeed ou encore Presently.

Apprenez à être vous-même, identifiez vos vrais besoins, et surtout, faites-vous plaisir ! Des petits bonheurs du quotidien à l'orgasme, le plaisir vous aidera à remonter la pente. Il impacte non seulement la tête, en améliorant l'humeur et en faisant baisser l'anxiété, mais il est également bon pour le corps.

En effet, l'endorphine, cette « hormone du bonheur », aide à renforcer le système immunitaire, améliore le sommeil et la digestion, permet de réduire les douleurs musculaires et donne de l'énergie.

De plus, le bonheur est contagieux : en devenant positif et optimiste, vous générerez ce comportement chez les autres. C'est la loi de l'attraction.

N'allez pas trop vite. Faites chaque jour une action, un pas en direction de votre objectif, à savoir s'aimer suffisamment pour se faire confiance et ainsi rebondir.

Ne vous noyez pas dans un trop-plein d'activités qui peut s'apparenter à une fuite. Attention à ne pas se laisser entraîner dans des compensations toxiques à outrance, comme multiplier les sorties alcoolisées pour s'étourdir, multiplier les partenaires pour oublier son ex, pratiquer un sport de manière frénétique pour perdre du poids ou pour évacuer. Même si cela aide à se sentir vivant, à sortir du marasme de la tristesse, ce soulagement temporaire peut conduire rapidement à l'addiction et engendrer de nombreux autres problèmes que votre rupture. Alors en toutes choses soyez actif, efficace, mais mesuré !

Au début, vous aurez tendance à penser : « Je n'en suis pas capable, je n'y arriverai jamais, de toute façon ma vie est un échec. »

Surmontez ces préjugés et libérez-vous. Soyez positif et indulgent avec vous-même. OUI, vous faites le gâteau au yaourt comme personne. Oui, vous aussi, vous pouvez lancer des invitations à dîner et recevoir des amis même en rentrant tard du bureau. Oui, vous pouvez conduire huit heures d'affilée pour aller à ce week-end vélo dans la Drôme. Oui, vous allez pouvoir sortir de votre léthargie et vous remettre à faire du sport ! Osez !

Quand on divorce, on s'aperçoit qu'on arrive à gérer beaucoup plus de choses qu'on ne s'en pensait capable !

Tout le monde vous le dira, pour aller mieux, il faut faire du sport. C'est indispensable pour le corps comme pour l'esprit.

Choisissez donc une activité qui vous plaît. Lapalissade peut-être, mais c'est tellement vrai. L'offre étant immense (course, yoga, marche, natation, rumba, lindy hop, boxe, karaté, et pourquoi pas self défense...), l'important ne sera pas seulement de s'y mettre ou de s'y remettre, mais de rester motivé. Car la clé, c'est la régularité.

Un des objectifs étant quand même de sortir de chez vous, choisissez une activité qui favorise les interactions avec les autres. Si c'est pour aller courir ou marcher tout seul en broyant du noir, ce ne sera pas forcément bénéfique.

Si vous voulez commencer par la marche, la course ou le vélo, trouvez un club près de chez vous. Pourquoi ne pas organiser une heure de jogging à la pause déjeuner avec quelques collègues ?

Les municipalités proposent en général tout un tas de cours collectifs.

Ceux qui le souhaitent peuvent aussi se tourner vers des programmes de remise en forme à la maison ou à la salle. Lien de cause à effet ou pas : l'épidémie de Covid a vu se multiplier les divorces, mais aussi les cours de sport en ligne.

Les bons plans pour faire du sport

Il existe de nombreuses possibilités pour se remettre facilement au sport, dont de nombreuses gratuites. N'hésitez pas à consulter les sites des mairies, des clubs de sport et des salles privées. Vous pouvez aussi engager un coach personnel, suivre des coachs sportifs ou des personnes inspirantes (stars, kinésithérapeutes...) sur Instagram ou autre réseau social, ou encore télécharger une application de pratique sportive (course à pied, yoga, Pilates...).

Le yoga

Le yoga, discipline millénaire d'origine indienne, très en vogue depuis plusieurs années, apprend à « soigner ce que l'on ne peut endurer et à endurer ce que l'on ne peut soigner ».
Le yoga aide à retrouver l'équilibre et à soulager les douleurs, à reconquérir son corps pour lui faire retrouver l'harmonie avec l'esprit. C'est une voie de reconstruction vers un nouvel équilibre de vie.
Une pratique régulière des Asanas (les postures) comme le Cobra, le Chien tête en bas, la Salutation au soleil, associée au Pranayama (exercices de respiration) et au Pratyahara (la médi-tation) favorise la sécrétion d'endorphines, hormone qui aide à lutter contre le stress et provoque également une sensation de relaxation, de bien-être, voire dans certains cas d'euphorie.
Une pratique quotidienne de dix minutes par jour est un merveilleux moyen de commencer sa journée.
Meilleure qualité de vie, diminution de l'anxiété, meilleur sommeil, système immunitaire renforcé, tels sont les bien-faits du yoga. Cela été démontré par de nombreuses études scientifiques.
Pour en savoir plus : La Yoga-Thérapie *du Dr Lionel Coudron, fondateur de l'Institut de YogaThérapie, Éditions Odile Jacob, 2010.*

Exercice : Par où commencer quand on n'a pas fait de sport depuis longtemps ?

On peut commencer par la marche.
L'Onaps (Observatoire national de l'activité physique et de la sédentarité) recommande de faire au moins 6 000 pas par

jour (l'OMS préconise d'en faire 10 000), soit une heure de marche active pour combattre les effets de la sédentarité et rester en bonne santé. Pas toujours facile quand on a une activité plutôt sédentaire. Mais faisable, par exemple en rentrant du travail à pied en descendant deux arrêts de bus ou métro avant le sien.

Cette activité peut être remplacée par trente minutes de vélo ou de footing.

La régularité est essentielle : il faut en faire au moins deux fois par semaine pour constater des résultats. C'est en se créant une routine qu'on tiendra longtemps. Y aller progressivement est aussi nécessaire. On ne devient pas marathonien en un mois.

Il existe de nombreuses applications ou montres connectées qui vous encourageront à ne pas laisser tomber après la première séance et qui vous permettent de mesurer vos progrès, par exemple Santé sur Apple, Google Fit sur Android, Strava, et bien d'autres.

Les encouragements, même virtuels, sont toujours bons à prendre dans ce type de résolution.

« JE SUIS DEVENUE MARATHONIENNE

Même si notre séparation était devenue inévitable, ça m'a quand même fait perdre tous mes repères. Je ne savais plus qui j'étais. Tout me semblait compliqué et je n'avais pas envie de faire grand-chose. La semaine, j'étais occupée, j'allais au bureau. Je travaillais un peu comme un automate, car il m'était impossible de me concentrer. J'appréhendais les week-ends car je ne faisais pratiquement rien, à part ressasser ma vie d'avant. Un jour une copine m'a proposé d'aller courir avec son groupe d'amis le samedi matin. Pourquoi pas ? J'avais besoin de sortir de chez moi, de voir le soleil, un peu de ciel bleu.

Un week-end, me voilà donc partie pour cette petite activité. Groupe sympa, on fait les présentations et on commence à courir. Je me laisse rapidement distancer car cigarettes, alcool, kilos en trop et sport ne font pas bon ménage. Plusieurs fois, je me suis dit que je n'y arriverais pas, mais l'effet de groupe m'a motivée. Certains revenaient en arrière, faisaient quelques foulées avec moi puis se remettaient à courir à leur rythme. Je n'ai jamais été seule. Quand je suis rentrée chez moi, épuisée, je me suis aperçue que j'avais couru 12 km. Quelle fierté ! En plus, je n'avais pas une seule fois pensé à mon divorce. À partir de ce moment-là, je me suis mise à courir toutes les semaines, puis deux fois par semaine, puis j'ai couru un semi-marathon, puis un marathon. Le sport a été une véritable thérapie. J'ai appris à développer ma force mentale. L'énorme effort de concentration que cela demande empêche toutes les pensées parasites. Courir un marathon, c'est se dépasser, seul. J'ai découvert dans ce sport que je ne dépendais de personne. J'avais juste besoin d'une paire de chaussures. Dans la course, il n'y a pas d'adversaire. On ne joue pas contre quelqu'un ou contre une autre équipe. Atteindre des objectifs ne dépend que de soi. Le rapport au corps est très important. Notre corps est une merveille, nos capacités mentales infinies. Dans la course, on est juste face à soi-même, avec soi-même.

J'avais toujours été sportive, mais n'avais jamais été assidue. Avec l'entraînement au marathon, j'ai appris la régularité, l'investissement, l'exigence et la fierté. Courir, c'est juste mettre un pied devant l'autre. Comme dans la vie.

Correctement pratiquée, la course à pied est excellente pour le corps et pour l'esprit. Cela permet, comme toute autre activité physique, de stimuler la production d'endorphines, les hormones qui luttent contre le stress et l'anxiété. De plus, la course à pied aide à renforcer les cartilages ainsi que les os et stimule le système cardio-vasculaire. En pratiquant régulièrement cette activité, le cœur devient plus gros et plus fort, ce qui favorise une meilleure circulation du sang.

En outre, ses bienfaits sur la santé mentale ont depuis longtemps été démontrés : elle améliore non seulement la qualité de vie mais aussi l'humeur et le sommeil, et aide à combattre l'anxiété et les états dépressifs.

« L'homme est un animal social ! » disait Aristote.

Après une période de repli sur soi, l'envie de sortir va donc forcément resurgir.

Les premières sorties sont celles qu'on fait avec ses bons copains, les vrais, ceux qui se comptent sur les doigts d'une main et qu'on a beaucoup de chance d'avoir. On leur a si souvent raconté notre détresse qu'ils finissent parfois par ne plus tellement avoir envie de nous voir mais nous invitent quand même, en mémoire du « bon vieux temps ».

Il y a certains bons amis qu'on revoit plus difficilement. Ceux qui ne veulent pas prendre parti entre votre ex et vous, par exemple. Ou la bonne copine ou le bon copain qui ne se manifeste que lorsqu'elle ou il ne va pas bien, pour avoir votre soutien, pensant que vous êtes « seul, donc forcément disponible et à l'écoute ».

Une fois ça va, mais à la longue, cela devient pesant. Parce qu'en fait on n'est pas un bouche-trou, ni celui ou celle avec l'étiquette « je suis seul(e), donc forcément disponible et à l'écoute ». Mais ça, on n'ose pas le dire. Pas plus que « Moi, je serai ravie de dîner avec vous, vos amis et les amis de vos amis » ! La solitude rend timide.

Il y a aussi les bons copains qui souhaiteraient vous inviter tous les deux. C'est à vous et à votre ex de choisir si vous y allez seul ou tous les deux. Mais surtout ne leur demandez pas de prendre parti.

Petit à petit, le sentiment de se sentir à nouveau vivant au contact du monde se réinstalle, on a alors envie que les autres amis – le deuxième cercle, en quelque sorte, ceux qu'on voyait moins, mais avec qui on passait des soirées ou dîners sympathiques –, nous invitent, comme avant, quand on était deux. Au moment de la séparation, certains avaient eu la gentillesse d'envoyer quelques textos gentils pour prendre des nouvelles : « Ce n'est pas trop dur, ma pauvre/mon pauvre, je n'aurais jamais pensé que ça vous arriverait, etc. » D'autres se sont révélés être aux abonnés absents.

Quand le couple explose, le réseau se brouille. L'équation se complique pour les amis. Qui appeler ? Personne ? Madame ? Monsieur ? Les deux ? En général, les amis d'origine restent fidèles et les amis communs choisissent leur camp en fonction des relations personnelles qu'ils entretiennent avec chacun des divorcés. Il arrive que certains prennent le parti du « quitté ». Mais d'autres dérogent à ces règles et restent amis avec les deux (surtout quand la séparation s'est bien passée).

La famille est en général fidèle aux liens du sang. Merci à elle. Mais, lorsque ce n'est pas le cas, c'est encore plus douloureux : « Mon ex-mari est plus invité par mes sœurs que moi, il est même convié aux fêtes familiales sans que personne me consulte. » Famille, je vous hais !

Quand on est séparé, divorcé, célibataire, on vous colle souvent une étiquette : #aprendreoualaisser, #libre ou encore #charmeur, #dragueuse !

Quand on est femme divorcée, on s'aperçoit qu'on est peu invitée dans les dîners de couple. Premièrement parce que les femmes seules sont beaucoup plus nombreuses que les hommes : « Ah non, tu ne peux pas venir avec ton amie, il y a déjà ma belle-sœur divorcée, ça va faire trop. » Mais surtout parce qu'une femme seule peut faire peur. Attention, danger ! Séduisante par sa liberté, elle devient vite une potentielle rivale.

Pour briser cette nouvelle solitude, il faut donc dire oui à tout (ou presque). On ne va pas s'affoler : les occasions sont encore peu nombreuses. En outre, ce n'est pas évident, après être quasiment tout le temps sortis à deux, de trouver les ressources pour accepter de se rendre seul à un dîner, une soirée. Il faut parfois se forcer pour aller aux afterwork, aux apéros improvisés, voire aux dîners-rencontres : « J'aimerais te présenter mon cousin, il lui est arrivé exactement la même chose... » ; « Tu verras, elle n'est pas fun, mais elle est hyper gentille et super sportive » ; « Allez, viens, tu verras, physiquement ce n'est pas ton genre, mais il est très drôle... ».

Pour retrouver cette énergie sociale, il faut adopter un état d'esprit léger, joyeux, positif et ne se concentrer que sur les bonnes raisons de sortir : c'est l'occasion de revoir untel, de rencontrer des inconnus, de danser, de sortir jusqu'à pas d'heure sans avoir de comptes à rendre à personne.

Sortir permet bien sûr de se sociabiliser à nouveau et éventuellement de faire – qui sait ? – une nouvelle rencontre amoureuse... Car bien sûr, à ce moment-là de notre vie, la question d'une rencontre plus amoureuse qu'amicale commence à se poser. Et pour ça, il y a les réseaux sociaux. Il faut vivre avec son temps !

Tinder, Happn, Meetic, Disons demain et compagnie sont aujourd'hui une évidence. Parmi eux, Tinder et Happn permettent d'entrer en contact avec des hommes ou des femmes situés à proximité, grâce à un système de géolocalisation. Les baby-boomers se connectent désormais à ces sites de rencontre sans aucune culpabilité, avec des espoirs qui varient : au mieux, trouver l'amour avec un grand A, au pire, multiplier les rencontres sans lendemain ou s'adonner au « *trash dating* », littéralement « rendez-vous poubelle ».

Le marché sentimental du Net nous ouvre ses portes quand la solitude du célibat pèse un peu trop, qu'on n'en voit pas l'issue. On se dit alors qu'ils ne sont pas réservés aux autres. « Pourquoi pas moi ? »

Bien sûr, il ne faut pas croire aux promesses de bonheur survendues par ces sites et applications. Y trouver l'amour reste rare. Beaucoup de rencontres sur ces applis ou sites de rencontres sont éphémères et ne débouchent pas vraiment sur une relation sérieuse, mais la plupart du temps sur des relations purement sexuelles, donc plutôt superficielles. Mieux vaut donc savoir ce que l'on veut : partenaire sexuel, verre partagé, bon moment d'échange ou compagnon pour la vie. Prenez le temps de faire cette rapide introspection avant de compléter votre profil.

Se créer un bon profil est essentiel.

Il est préférable d'utiliser un pseudonyme et bien sûr de ne pas donner vos coordonnées personnelles afin d'éviter tout problème (escroquerie, chantage...).

La photo est primordiale car c'est la première chose que l'on voit de vous. Flatteuse, bien entendu, elle doit cependant vous montrer tel que vous êtes. Vos amis peuvent vous aider à sélectionner vos photos.

Répondez ensuite honnêtement au questionnaire. Toutes les questions ne méritent pas forcément une réponse, mais soyez concis lorsque vous répondez. Ce n'est pas une dissertation mais un résumé de vos qualités principales ainsi que de vos centres d'intérêt.

Ensuite, il faut apprendre à *swiper* – balayer l'écran vers la droite pour dire que vous êtes intéressé par un profil. *Swipez* lentement pour ne pas passer à côté du *top* profil ou pour ne pas accepter le *bad one*. Il faut en moyenne *swiper* environ trente fois pour qu'il y ait un *match* – une touche. On peut alors entamer la discussion, mais ce n'est pas automatique : les sites de rencontre enregistrent une conversation pour 100 *swipes* !!!

Le *match* est donc une première étape, mais rien n'est encore fait. N'attendez pas que l'autre fasse le premier pas. Lancez-vous, prenez les devants. Au début, on fait un effort pour écrire des choses intelligentes ou drôles, pour poser des questions en espérant créer un échange. Contrairement à la vie réelle où votre apparence, vos gestes et mimiques, votre attitude, tout ce qu'on appelle la communication non verbale, peuvent vous aider, ici, seuls les mots seront pris en compte.

Pas la peine de se prendre pour Victor Hugo ou Ronsard, ni d'être lauréat de la dictée de Pivot. Soyez clair, sincère, et si possible drôle. L'adage « femme qui rit à moitié dans son lit » s'applique à tous les genres. On s'intéresse, on partage et surtout on évite les questions directes et triviales ainsi que les fautes d'orthographe, souvent rédhibitoires. L'idée ici étant bien entendu de maintenir le rythme de la conversation pour donner envie de se rencontrer dans le monde réel. Au bout de quelques jours ou semaines, on finit par se livrer un peu, rentrer dans une sorte d'intimité grâce aux mots que l'on s'écrit.

Ces sites sont chronophages et addictifs. On y va constamment, on regarde si on est *liké*, si oui on regarde par qui, on fait des recherches sur ce « qui », on réfléchit, on re-*like* ou pas et puis on y retourne, on veut être sûr de n'avoir oublié personne donc on *swipe* à nouveau. C'est presque un métier à plein temps. On s'extasie, on rit, on se désespère. On y passe des heures, des soirées, des nuits ! On vit dans un monde parallèle.

Les débuts sont excitants. On y trouve de tout et on se dit pourquoi pas ! Ces échanges peuvent autant constituer une échappatoire – on ose dire ou faire des choses dont on ne se serait jamais cru capable – que contribuer à une reconstruction. Cela peut même favoriser une certaine « re-narcissisation » : on a de nouveau du succès, on plaît et en plus sans effort, assis sur son canapé, en pyjama ou en slip ou devant sa série préférée…

Mais attention, comme toute addiction, on peut aussi s'y perdre. À trop zapper ou *swiper*, tout le monde devient interchangeable, y compris soi ! Les rencontres occasionnelles et la surenchère de profils conduisent à une surconsommation qui peut avoir un effet tue-l'amour. En outre, à vivre dans ce monde parallèle où le marketing est roi, où les photos sont retouchées et la vie idéalisée, on peut oublier la réalité. Les beaux parleurs, les pervers narcissiques, les mythomanes et bien sûr les arnaqueurs savent aussi très bien naviguer dans ce monde virtuel et utiliser fausses photos, faux profils et mensonges. Il faut donc rester vigilant et pousser un petit peu les échanges pour essayer de faire le tri. Croisez les infos, posez des questions, relisez les conversations, variez les sites.

Pour les chanceux, il y aura très vite un échange de 06. Pour d'autres, la désillusion peut être rapide ou brutale. D'une seconde à l'autre, sans raison apparente, après des jours et des nuits d'échanges, un jour, plus rien. Disparition ! C'est le règne de la dérobade. Pas la peine donc de tchatter pendant des semaines, car il ne faut pas oublier que le Graal de ce voyage initiatique et virtuel, c'est la rencontre physique.

Avant de proposer ou d'accepter ce premier « date », assurez-vous que vos attentes sont les mêmes, cela vous évitera déception ou déconvenue.

Ça y est ! L'heure est venue pour un premier rendez-vous. L'endroit devra être choisi de manière stratégique : pas trop loin de chez l'un des deux, plutôt branché. En effet, anecdotes, emplacement, raisons du choix sont autant de sujets de conversation faciles si personne n'a rien à dire au début du rendez-vous.

Par ailleurs, il est conseillé d'informer ses proches de l'heure et du lieu de rencontre et de privilégier les lieux publics (jamais chez soi ni chez l'autre).

N'oubliez pas aussi de prévoir une solution de repli comme l'appel d'un bon copain ou d'une bonne copine qui pourra prétexter une urgence si besoin, car parfois la rencontre qui semblait si prometteuse se révèle catastrophique...

Astuce

L'application gratuite Fake Call simule un faux appel téléphonique entrant quand vous le souhaitez. Idéal pour se sortir de situations ennuyeuses ou délicates. À vous d'être imaginatif car il n'y a bien sûr personne au bout du fil !

Il y a le radin qui veut partager scrupuleusement l'addition, celui qui a oublié sa carte bleue, celle qui avait très vite accepté un rendez-vous mais qui avait menti sur sa photo, celui qui ne parle que de son ex ou de ses enfants, le trop tactile qui prend le bras à chacune de ses blagues ou à chaque fin de phrase, ou encore celle qui a l'air hyper entreprenante sur l'appli mais ne concrétise jamais un rendez-vous car elle fait ça pour le côté ludique. Sans compter celui avec qui on passe une super soirée mais qui suit plusieurs pistes en même temps, et écrit après une semaine sans nouvelles (pendant laquelle on s'est remise en cause 100 000 fois) pour dire qu'en fait il voit quelqu'un d'autre.

Sur ces applications de rencontre, comme dans un processus de recrutement, tant que l'on n'est pas embauché, la chasse reste ouverte.

Il y a également celui pour qui la pratique du *fishing* – envoyer le même message à plusieurs personnes en même temps – est devenu un art... qui peut se retourner contre lui s'il s'adresse à deux copines en même temps !

Il y a aussi celui qui triche sur son profil, en général sur son âge. Au premier rendez-vous, même s'il est très sympa, on réalise qu'on n'a pas envie de devenir son infirmière personnelle dans dix ans.

Il faut avoir une très bonne confiance en soi pour accepter d'être jugé et rejeté après un premier verre.

Pour supporter ces types de relations, mieux vaut s'organiser, cibler, professionnaliser sa recherche en fonction de l'âge, des goûts, des loisirs... D'ailleurs, un nouveau métier s'est créé si vous n'avez pas le temps : chasseur de tête de son nouvel amour ! Mais, bien sûr, pour ceux qui préfèrent les méthodes à l'ancienne, il y a toujours les agences matrimoniales ou le speed dating.

L'utilisation des sites ou applications de rencontre

Les avantages

On a accès à une multitude de partenaires potentiels qu'on ne rencontrerait pas dans la vraie vie.

On peut se connecter à toute heure du jour ou de la nuit partout dans le monde, où qu'on soit.

La rencontre sur Internet se fait dans un cadre « protégé » (on reste dans sa sphère privée, on utilise un pseudonyme),

ce qui permet beaucoup de liberté d'expression. Elle lève les barrières de la timidité, de la beauté, des classes sociales, de l'âge. Il n'y a pas de jugement de l'entourage. On vit cela de manière très privée.
On peut s'engager et se désengager plus facilement que dans une relation traditionnelle.
À 50 ans, il est plus compliqué de rencontrer quelqu'un qu'à 20, les opportunités de socialisation se font plus rares. Les sites et applications jouent donc un rôle important dans les deuxièmes unions.

Les inconvénients

Sous couvert d'anonymat, on note une perte de respect et de courtoisie dans les échanges. La vulgarité, les remarques sexistes, l'impudeur, la dévalorisation de l'autre peuvent créer des dégâts psychologiques : perte de confiance, perte de repères.
L'addiction n'est pas réservée aux drogues, à l'alcool ou aux jeux vidéo. On observe depuis quelques années une addiction aux plateformes de rencontre. L'accès à un nombre illimité de profils, à n'importe quelle heure du jour ou de la nuit et le plaisir procuré par les *matchs* peuvent aussi rendre hyperdépendant. En particulier pour les introvertis qui trouvent dans ces plateformes virtuelles un moyen d'échapper au monde réel. Le jeu de la séduction, la quête d'amour sont facilités et viennent masquer le manque d'aisance ou d'assurance de certains et renforcer l'addiction au sexe d'autres.
La relation virtuelle a un pouvoir fantasmagorique : on peut tout se permettre, on s'autorise dans ce monde des comportements qu'on n'assumerait pas dans la vraie vie. Cela peut être source de désillusion (perte de confiance en soi) et parfois la cause de dédoublements de personnalité. On ne sait plus qui on est : soi ou son pseudo ?

À MOI LA LIBERTÉ

Quand j'ai divorcé, je me suis dit que je n'allais pas me laisser abattre. C'était moi qui avais décidé cette rupture, ce changement de vie, mais contrairement à ce qu'on dit, ce n'était pas du tout plus facile. J'avais décidé de mettre un terme à une relation toxique et destructrice avec un mari alcoolique qui me faisait plus de peine que de mal. Je n'étais ni heureuse ni malheureuse, juste abattue par une vie qui n'en était plus une. Seuls mes enfants m'avaient fait tenir jusqu'alors, mais ils étaient partis. La porte s'était donc ouverte. À moi la liberté. J'avais tellement envie et besoin de me sentir vivante que j'ai multiplié les sorties. Je me suis inscrite sur Happn et Tinder.

J'ai découvert une sexualité dont je ne me croyais pas capable, débridée même si je ne passais pas forcément à l'acte. J'échangeais des textos et même des sextos enflammés avec des inconnus. J'ai multiplié les rencontres superficielles, les coups d'un soir sympas et aussi quelques histoires galères. Comme celle avec ce mec bien sous tous rapports virtuellement qui, alors qu'on s'était mis d'accord que la première fois où on se verrait, cela n'impliquerait rien, a tenté de m'embrasser, de me toucher et, alors que je refusais, m'a injuriée. Je me suis enfuie. Heureusement, je fixais toujours mes rendez-vous dans un café que je connaissais, pas loin de chez moi. Là, je me suis dit que ça suffisait. J'en ai eu marre. Qui étais-je, en fait ? Ce n'était pas parce que j'avais été malheureuse que je devais me perdre à nouveau. J'ai tout arrêté, j'ai tout déconnecté. On ne m'y reprendrait plus.

Les mois ont passé. J'étais seule et ça m'allait, plus ou moins. Et un jour, alors que je prenais un verre avec une copine, on évoque mes frasques passées et ma solitude actuelle. Elle me dit : « Mais pourquoi tu n'irais pas à nouveau sur Tinder ? Tu avais quand même rencontré des mecs sympas… » Je me reconnecte et m'aperçois que j'ai pas mal de messages en attente. On fait défiler et en rigolant on matche avec un Philippe. Il m'a très vite contactée ; on a échangé de manière assez sincère. Je restais très distante et méfiante. Pourtant, lors de notre première rencontre, ç'a été le coup de foudre. Je ne regrette rien. Merci Tinder ! J'ai fini par trouver le bon et j'espère que jusqu'à la fin de mes jours, il n'y aura que lui.

À trop multiplier les rencontres sur les sites et applications, on finit par se lasser et vouloir tout arrêter. On se dévalorise, même. Pourtant de plus en plus de personnes ont rencontré leur moitié sur ces sites. Alors pourquoi pas vous ? À utiliser bien sûr avec modération !

ILLUSIONS ET RÉALITÉ

« Où es-tu ? Pourquoi n'es-tu pas rentré plus tôt ? Pourquoi tu ne viens pas dîner chez Camille et Cédric ? Tu ne t'es toujours pas occupé des vacances ? Pourquoi tu ne fais jamais rien pour moi ? Pourquoi, pourquoi, pourquoi... ? » Parce que !
Divorcé depuis deux ans, j'ai plutôt savouré cette vie nouvelle de célibataire. J'avais vécu vingt années de bonheur avec ma femme. Les cinq dernières étaient devenues très compliquées. Quoi qu'elle dise, quoi qu'elle fasse, elle m'énervait. Et inversement. C'était devenu épidermique. Nous ne nous supportions plus. Nous passions notre temps à reprocher à l'autre ce qu'il faisait ou ne faisait pas, ou ne voulait plus faire. Alors quand on a divorcé d'un commun accord, j'étais évidemment déçu, mais pas abattu. Ça y est, je retrouvais ma liberté et surtout plus de remarques, plus de comptes à rendre : je faisais ce que je voulais, quand je voulais. J'avais dit à mon ex-femme : « Je veux vivre pleinement mes vingt dernières années. » Je voulais ouvrir mes chakras, libérer ma testostérone, décupler mon adrénaline. On me disait que c'était la crise de la cinquantaine. Pour moi, c'était simplement vivre et profiter. La solitude, ce n'était pas pour moi. J'avais donc décidé de m'offrir une deuxième jeunesse : sorties dans des bars,

en boîtes de nuit, une vie nocturne trépidante, mais finalement assez solitaire. En fait les rencontres, les plans drague se sont révélés beaucoup plus difficiles qu'à l'époque de mes 20 ans ! Je rentrais souvent bredouille et fortement alcoolisé.
Ça ne me convenait pas car après des réveils plutôt difficiles, je devais enchaîner boulot et salle de sport – j'avais aussi décidé de me remettre en forme (muscu et course à pied).
Heureusement, Tinder et Happn étaient là pour agrémenter mon célibat. Tout en étant disponible pour mes potes, j'ai multiplié les matchs, les échanges de textos, les rendez-vous galants et les expériences sexuelles. J'étais très courtisé car j'avais bien sûr un peu exagéré mes qualités et surtout posté une photo datant de mes 38 ans ! Je prenais des verres après le bureau, parfois les dîners et les nuits s'enchaînaient avec de parfaites inconnues. Je me sentais fier, jeune et heureux. Mais les week-ends étaient parfois longs. Surtout les dimanches.
Aujourd'hui, après cette période de frénésie, j'avoue que je passerais bien à autre chose. La réalité s'impose et ça fait un peu mal. Je suis finalement très seul. À force d'avoir réprimé mes émotions, j'ai l'impression qu'elles réapparaissent. Je suis parfois triste. J'ai mis en veille les sites de rencontre même si je jette un coup d'œil de temps en temps, je me sens prêt à rencontrer quelqu'un avec un grand « plus si affinités ».

Contrairement aux femmes, les hommes mettent plus de temps à affronter la réalité d'un divorce. Ils ne s'épanchent pas sur leurs misères ou leurs coups de cafard auprès de leurs proches. Les réseaux sociaux, nouveaux lieux de rencontre et de drague, aident souvent à surmonter le célibat. Mais rencontrer uniquement de parfaites inconnues masque souvent une solitude pas forcément bien vécue.

Malgré ces bonnes résolutions, malgré ces occupations nouvelles, des moments de solitude viennent parfois rappeler douloureusement que la vie ne sera jamais plus comme avant, qu'il n'y aura plus de vacances en famille, plus d'albums photo à regarder ensemble. Parmi les amis d'avant, les témoins de mariage, ceux qui ont grandi avec nous dans notre vie de mariés, ceux des après-midis au jardin d'enfants, ceux des sorties d'école ou des vacances au bord de la mer, certains s'éloigneront petit à petit et seront peu à peu remplacés.

De nouveaux amis viendront recréer de nouveaux souvenirs et correspondront à notre nouvelle façon d'être.

Il y a aussi les petites rechutes du quotidien... Pincements au cœur quand des amoureux s'embrassent ou s'enlacent devant vous, quand vous dînez avec vos copains mariés depuis trente ans et toujours aussi complices et heureux, quand vous repassez devant le resto où vous aviez l'habitude d'aller, quand *votre chanson* passe dans une fête où vous vous sentez seul, quand il faut organiser les grandes vacances, quand vous croisez ce couple avec enfants si heureux et insouciant...

Dans ces cas-là, inutile de résister. Restez lucide, la vie n'est pas un long fleuve tranquille ni une ardoise qui s'efface.

Avec le temps, doucement, la douleur s'amenuise pour bientôt disparaître. On ne s'en aperçoit pas au début. Un jour, on se rend simplement compte qu'elle est partie, remplacée par ces petites envies et par cette aptitude à revivre des moments heureux, seul, avec nos enfants, avec de nouveaux amis ou avec les anciens qui sont restés.

4

LA VIE EST BELLE

Les jours, les semaines, les mois ont passé beaucoup plus vite que nous ne l'avions imaginé. La plaie s'est refermée, même s'il y aura toujours une cicatrice. Car comme le dit si bien cette citation d'un poète anonyme dans le métro : « L'amour est la seule caresse qui laisse une cicatrice ! »

Depuis la séparation, ce moment dont nous nous souviendrons toute notre vie, nous en avons parcouru du chemin. Petit à petit, nous nous sommes réapproprié notre vie et avons digéré ce qui s'était passé. Nous avons accepté qui nous étions vraiment, même si le chemin est encore long. De nouvelles rencontres, de nouveaux centres d'intérêt, d'autres joies, d'autres moments font de nous ce que nous sommes aujourd'hui. Vivant et là ! Oui, il existe une vie après un divorce.

Oser

The best way to predict the future is to invent it.

Alan Kay

Ce n'est pas parce que les choses sont difficiles que nous n'osons pas, c'est parce que nous n'osons pas qu'elles sont difficiles.

Sénèque

Comme le dit Jean Monbourquette dans son livre *À chacun sa mission*, si vous arrivez à trouver votre mission, vous y trouverez votre raison de vivre, d'être heureux, quels que soient les obstacles ou les difficultés à surmonter.

Dans cette phase de renouveau, certains vont redécouvrir qui ils étaient. D'autres, de nouvelles façons d'être, de s'aimer et d'aimer.

Ne plus avoir de comptes à rendre, être libre, être audacieux, retrouver son aptitude au bonheur, à la joie, se lancer dans de nouveaux projets, de nouvelles activités (ateliers culturels, événements artistiques, voyages organisés…), aider les autres (engagement associatif ou humanitaire) sont autant de défis que vous allez pouvoir relever.

Un divorce ne transforme pas, mais il fait forcément évoluer. Cette page qui s'est tournée nous a donné l'opportunité de faire un bilan et de nous recentrer.

Nous pouvons vivre tel que nous sommes. Sans faux-semblants.

Cette reconnexion à soi permet d'établir une feuille de route pour notre corps et notre esprit. De quoi ai-je besoin pour être bien ? Qu'est-ce qui me convient aujourd'hui ? Vers quoi orienter mes efforts ? Qu'est-ce que je vais privilégier aujourd'hui ?

On avance à notre rythme, sans être perturbé par le jugement de l'autre. On écoute la musique que l'on aime, on se vautre avec délectation devant des émissions idiotes, on sort jusqu'au bout de la nuit. On fait ce qui nous plaît.

Et surtout, on ose. On ose sortir de sa zone de confort, découvrir ses talents cachés – qu'on se lance dans la décoration, le sport ou la cuisine. On part à la découverte des autres, on ose enfin faire ce qu'on veut, ce qu'on avait toujours voulu faire ou ce qui se révèle aujourd'hui comme une nouvelle passion.

On peut apprendre à chanter, par exemple. Chanter, c'est physique, on travaille la respiration, le maintien, les muscles du ventre, du visage, et mentalement on se libère, on s'exprime. Le chant a des vertus pour le corps et l'esprit.

On peut pratiquer un art martial, activité souvent associée à une philosophie.

Si on est convaincu de son potentiel, il s'impose alors naturellement. Le vrai pouvoir, ce n'est pas de prétendre être qui vous n'êtes pas mais d'admettre la vérité de ce que vous êtes.

« JE SUIS AMOUREUSE

Si on m'avait dit : « Un jour, tu verras, ton cœur va s'emballer, un jour tu vas retrouver le sentiment amoureux, et tu regarderas ta montre en te disant, tremblante : "Dans cinq minutes, il sera là", j'aurais répondu en rigolant : "Mais bien sûr, d'ailleurs en vingt-sept ans de mariage, cela m'est si souvent arrivé !" »
Eh bien je me trompais... Et pourtant je ne cherchais rien, je n'attendais rien de spécial. J'avais retrouvé, trois ans après mon divorce, une vraie joie de vivre. Je me disais juste que ce serait bien que quelque chose m'arrive ! Pourquoi pas professionnellement ? Je suis donc allée voir les ressources humaines pour savoir s'il n'y avait pas un poste vacant dans un autre service. Les étoiles se

sont alignées et en deux mois j'avais rejoint une nouvelle équipe pour un job plus intéressant. Pour réussir ce nouveau challenge, je devais avant tout m'intégrer et faire un peu profil bas comme à mes débuts, sauf que je n'avais plus l'âge. Les débuts ont été compliqués et le soutien de mes copines pas au rendez-vous : « Mais pourquoi tu t'es mise dans cette situation, tu aurais dû attendre la retraite tranquillement... » C'est vrai ça, pourquoi ? Tout simplement parce que j'en avais besoin à cet instant-là : ne plus m'ennuyer et redonner du sens à ma vie. Et j'ai tellement bien fait. Un mois après mon arrivée, mon ordinateur plante. Arrive Stéphane, le magicien de la maintenance. Et là : coup de foudre ! Un vrai, comme dans les films. Je ne l'écoutais plus, je le regardais, j'étais envoûtée par le ton de sa voix. Mon cerveau ne répondait plus, noyé sans doute par un trop-plein de dopamine, ocytocine ou autre vasopressine. Je répondais à ses questions, faisais semblant d'écouter ses explications sur le système d'exploitation, mais, en vrai, j'étais dans une autre dimension, je me contrefichais de ce qu'il me racontait, je ne regardais qu'une chose : avait-il une alliance ? Il n'en n'avait pas. Ouf ! Nous nous sommes croisés à plusieurs reprises à la cantine, avons échangé quelques regards, plus qu'appuyés de mon côté. Et un jour il m'a proposé de prendre un verre. Il m'a demandé pourquoi j'avais accepté ce nouveau job, il m'a félicitée pour mon intégration rapide : les gens lui disaient que j'étais super sympa et en plus efficace. Il m'écoutait, s'intéressait à ma vie. Quel bien ça m'a fait de me sentir de nouveau valorisée ! Puis il m'a parlé de son parcours, de son métier qu'il aimait car il avait réussi à lier sa passion pour l'informatique et sa volonté d'être au service des autres, il aimait les voyages et le sport, surtout le vélo. Je craquais. Un homme humain, discret, gentil et naturel et en plus divorcé, comme moi.

J'ai aussitôt envoyé un texto à mes trois meilleures amies, je pourrais dire mes sœurs : « On se retrouve ce soir à l'heure que vous voulez : je suis amoureuse ! » « Quoiiiiiiiiiiiiiiii ? » m'a répondu la plus rapide. « Arrête l'alcool », a ajouté la deuxième. « Non mais c'est diiiiiiiingue, il n'y a qu'à toi que ça arrive ! » a dit la troisième. Et c'est vrai. J'ai eu tellement de chance. Cela fait bientôt deux ans que nous sommes ensemble. Je me suis mise au sport, à la course. Il a, comme moi, une fille de 27 ans, qui est déjà mariée avec deux bouts de choux trop mignons. On s'entend tous hyper bien. On a laissé tomber le poids du passé et ses frustrations. Ce que Stéphane et moi voulons plus que tout aujourd'hui, c'est dévorer la vie. Et j'espère que cette gloutonnerie durera des années !

Pour que quelque chose de bien arrive, il faut souvent le provoquer. Reprendre un travail ou en changer par exemple, alors que tout le monde nous le déconseille, relever de nouveaux défis, tout cela ouvre souvent la porte à des horizons insoupçonnés. Le coup de foudre au travail, ça existe. Même à 55 ans. Même quand on ne s'y attend plus.

J'AI COMPLÈTEMENT CHANGÉ DE VIE

« Comme d'habitude dans ma boutique j'vais m'agiter et faire acheter, comme d'habitude toute la journée j'vais discuter et m'amuser, comme d'habitude dans la soirée j'vais compter les euros qu'j'ai gagnés, comme d'habitudeuuuuuuh. » J'adore chanter. J'aurais pu tenir un karaoké. Mais au lieu de ça, je tiens une boutique de déco que j'ai ouverte sur une petite île. Il me faut trois minutes pour y aller en vélo. Un bol d'air salutaire, une bouffée d'énergie. Aujourd'hui j'en ai à revendre. Je ne suis plus spectatrice de ma vie, je suis actrice, j'ai même le premier rôle et ça change tout. D'ailleurs je suis aussi productrice et réalisatrice de « L'histoire de ma vie ». Je ne suis plus la femme blessée. Je suis MOI. Et quel bonheur !
Il en a fallu des semaines, des mois et même des années pour en arriver là. Je n'avais jamais pensé à quitter la ville dans laquelle j'avais toujours habité. Je n'avais jamais pensé abandonner mon métier que j'adorais. J'accompagnais des quinquas dans

leur recherche d'emploi. Un accompagnement uniquement basé sur la connaissance de soi, la motivation. Une bienveillance qui pousse à se dépasser, qui fait avancer. Et sans le savoir je me suis auto-appliqué mes méthodes de coaching.
Je suis bien sortie de ma zone de confort ! J'ai quitté Paris pour une île de 5 000 habitants, j'ai créé une boutique de déco où je chine des produits que j'aime. Je suis acheteuse, vendeuse, entrepreneuse. Mes enfants m'encouragent, me félicitent et quand ils viennent en vacances ils m'aident, ils se font livreurs, comptables, cuisiniers, tout le monde s'y met.
Mes amis disent que je suis curieuse, chaleureuse et sociable et aujourd'hui j'accepte ces compliments. Je reconnais mes qualités. J'arrive à les exploiter. Pour une fois, je dirais même que j'en suis fière. Je puise aussi ma force dans leur regard, ils m'encouragent, me félicitent. Certains même, je le sens bien, m'envient. Ceux-là, sans doute, aimeraient larguer leurs amarres, poursuivre leur vie vers un ailleurs. Mais entre vouloir changer de vie et le faire, il y a un monde que peu d'« aventuriers » franchissent. C'est comme la vie de couple, en fait. Il faut avoir le courage ou un brin de folie, ou les deux, pour bouger.
Ma vie sociale s'est enrichie de simplicité et de beaucoup d'humanité.
Mais pour être très franche, je vis aussi des périodes difficiles. Les tempêtes d'hiver secouent parfois mon moral. Je tiens. Je sais ce dont j'ai besoin, je sais reconnaître mes émotions et j'essaie tant bien que mal de les gérer. La mer, les bains d'iode d'hiver, les FaceTime avec mes amis, mes enfants et mes petits-enfants sont mes bains de jouvence.
Mes amies célibataires me demandent souvent si la solitude ne me pèse pas. Pour être très honnête, non ! Mais je scrute l'horizon, on ne sait jamais…

Oser ! Sortir de sa zone de confort ! Être audacieux. Se lancer. Des expressions qui, une fois transformées en actions, conduisent souvent vers le bonheur.

« INCROYABLE MAIS VRAI !

Fiancée à 21 ans, mariée à 22, mère à 23, 25, 27 et 31 ans, j'ai toujours respecté les règles et les devoirs d'une femme d'un autre temps, d'une femme résignée, malheureuse en couple, mais mère comblée, ou presque. Pourquoi je ne bougeais pas ? Sans doute le poids de l'éducation, la peur du vide, la peur de la solitude, la peur du changement aussi. Mes enfants, eux, étaient partis vivre leur vie et moi je restais comme une âme en peine touchée de plein fouet par le syndrome du nid vide. Avec mon ex-mari c'était marée basse, pas de conflits, mais quel ennui !
Je rêvais d'un autre monde. Mon travail m'occupait bien. À défaut de voyager pour le plaisir, je prenais le train pour mon boulot. Plongée dans Le Prince des marées *de Pat Conroy, je n'ai pas vu passer le temps et j'ai été surprise par l'annonce que nous connaissons tous par cœur : « Mesdames, messieurs, nous arrivons en gare de... » Il me restait quelques pages avant de terminer mon chapitre. J'ai juste eu le temps d'attraper mon ordinateur pendant que résonnait le : « Veuillez vérifier que vous n'avez rien oublié. » Ah oui, j'ai oublié de vous préciser que j'étais avec mon chef et, comme vous avez pu le deviner, nous n'avions pas grand-chose à nous dire. « Allez, on y va », m'a-t-il dit en rejoignant le groupe des stressés du rail, scotchés devant la porte dix minutes avant l'arrivée.*
Je me suis levée et là un type, belle gueule, belle voix, propre sur lui, m'a mis dans la main un papier plié en quatre en me disant : « Madame, vous avez oublié ça. » Je l'ai regardé, ahurie, en pensant très fort : « C'est à moi qu'il parle ? C'est moi qui l'intéresse ? » Rouge comme une tomate, j'ai mis ce papier dans ma poche et je lui ai adressé un vague sourire. Miraculeusement, je n'ai pas été terrassée par une crise cardiaque dans le taxi du retour que je partageais avec mon N+1. Enfin seule en bas de chez moi, j'ai chaussé mes lunettes, déplié le papier les mains tremblantes. 06 93 45 xx xx, et un prénom illisible que j'ai finalement réussi à déchiffrer : Patrick. La nuit fut courte. Le lendemain, au bureau, j'ai commencé mes recherches. Je suis un peu détective, en fait. J'ai composé le numéro

de téléphone qui permet d'écouter l'annonce d'un répondeur sans le faire sonner. Bingo, Patrick se présentait avec son nom. Les recherches ont été faciles : photos, boulot... Merci Google ! J'ai fait, comme on dit, son environnement. J'étais surexcitée. Il y avait sûrement un loup mais je ne l'ai pas trouvé. Nous avons décidé de nous rencontrer le lendemain. À la dernière minute, j'ai prévenu une amie, sidérée par ma demande : « Je vais prendre un verre avec un inconnu, je suis à la brasserie de la place, voici son téléphone. Si, dans deux heures, tu m'appelles et que je ne réponds pas, préviens la police ! » À 55 ans, j'ai enfin connu l'excitation. J'ai bravé les interdits. Un simple OK a bouleversé ma vie. J'ai sauté dans l'inconnu. Pour le meilleur. Nous avons vécu très vite ensemble. Son rêve était de faire le tour du monde. J'ai pris quatre mois sans solde. Fantastique. Aujourd'hui, même si notre relation est terminée, je ne regrette absolument rien. La vie est trop courte. Mon ex-mari s'est remarié. Nous nous entendons bien. Je prends toujours le train en espérant...

Hasard ou pas, cette rencontre pourrait gagner le prix Goncourt des romans à l'eau de rose ! Tout peut arriver, à tout moment. Être ouvert aux aventures peut transformer votre vie. Sachez prendre des risques !

« LE COVID A FAILLI ME TUER, INDIRECTEMENT !

J'ai rencontré Stéphane, mon nouveau compagnon, dans l'escalier de mon immeuble. Lui le montait tous les jours pour s'entretenir, moi je n'avais pas le choix, l'ascenseur était en panne. Au quatrième étage, j'étais au bout de ma vie. Lui m'a doublée, même pas essoufflé, même pas fatigué. « Ben dites donc, je lui ai dit, vous avez la santé ! » Il a ri. Heureusement j'étais arrivée. Je lui ai proposé de venir boire un verre, il a accepté et c'est comme ça que notre histoire a commencé.
Quelques semaines plus tard, très amoureuse, j'avais facilement accepté une randonnée en peau de phoque. Quelle inconscience !

Mais bon, on n'avait pas tellement le choix, toutes les remontées étaient fermées. Merci les pangolins !
Une ascension à peau de phoque vers les sommets ? Même pas peur, enfin un tout petit peu quand même. Ce dénivelé de 1 000 mètres, j'avais l'habitude de le franchir en télésiège en cinq minutes. Notre objectif (surtout le mien) était de rejoindre le seul bar ouvert de la station en haut des pistes. Une petite balade pour mon amoureux, un expert du dénivelé. Un défi pour moi. Je n'ai jamais eu besoin de me dépasser, je dirais même que je hais la souffrance !
J'ai failli abandonner avant même de partir. Impossible de chausser mes skis avec ces fixations si particulières. J'étais très énervée. Je me sentais ridicule. Stéphane est venu m'aider, très naturellement, sans énervement ni jugement. Nous voilà partis. Il prend très rapidement de l'avance en se retournant sans cesse. Après 10 minutes d'effort quasi surhumain, je me dis que ça ne va pas être possible. Je suffoque, je hurle de chaud, je meurs de soif. Je ne veux pas qu'il s'ennuie, qu'il me juge. Bref, dans le silence ouaté de la montagne, je parviens à lui crier : « Ne m'attends pas, vas-y et on se retrouve cet après-midi. À toute ! » Et là, à ma grande surprise, il redescend malgré tout ce qu'il avait déjà monté et m'explique : « Suis-moi, on va y aller doucement, tu vas y arriver. » Un encouragement formidable. Je suis arrivée en haut ! J'étais épuisée et tellement fière ! Lui aussi avait l'air heureux. Que du bonheur !
Grâce à lui, j'étais allée au-delà de mes limites. Même si je me disais en mon for intérieur : « Non mais quel est l'intérêt de s'infliger ça ? » Nous avons continué à partir dans des excursions que je qualifie d'extrêmes pour moi, et chaque fois j'y arrive. Nous sommes heureux. Quelle victoire !

C'est bien connu, l'amour donne des ailes. Dans une nouvelle relation, il permet de se dépasser avec bonheur. Il ouvre les champs du possible. Tout est accessible. Il suffit de le vouloir. Il faut se réjouir des changements, encourager les nouveautés. Être curieux et ouvert sont les clés du bonheur. Chaque nouvelle relation fait ressortir de nouvelles facettes de notre être.

Être heureux

Être soi, vivre en harmonie

S'aimer soi-même, c'est se lancer dans une belle histoire d'amour qui durera toute la vie.

OSCAR WILDE

Je veux le meilleur, j'ai vécu le pire.

CHARLES AZNAVOUR

Enfin soi ! On respire enfin ! On avance enfin ! Le bonheur reprend ses droits, enfin !

On se crée un nouvel univers qui nous fait du bien. Fort de nos échecs, conscient de nos forces et de nos faiblesses, en ayant gagné en maturité, on écrit les prémices d'une autre vie. Pour laquelle on a évidemment envie de mettre toutes les chances de notre côté. On apprend donc à vivre dans l'instant. Être heureux dépend de nous et de notre manière d'apprécier ce qui nous arrive. Un job intéressant, un nouvel appartement, des vacances sympas, des activités sportives, des sorties culturelles, de nouveaux amis, un bon livre, une balade dans les bois, un coucher de soleil, un dîner fait maison... tout peut donner matière à se réjouir ! Être heureux, c'est assumer ses choix, sa façon de vivre, d'aimer et d'être. Pourtant, pour beaucoup, le bonheur retrouvé reste synonyme de couple. En témoignent les questions systématiques : « Alors, tu as refait ta vie ? » « Tu es amoureux ? » « Tu as quelqu'un ? » Des études montrent que les hommes se remettent en couple plus rapidement que les femmes (un an, contre cinq ans en moyenne). Les femmes sont-elles plus exigeantes ? Plus autonomes ? Il n'y a pas d'explication claire sur ce sujet. Une chose est sûre : pour écrire ce nouveau chapitre, mieux vaut avoir apprivoisé sa solitude, et accepté la séparation.

Refaire sa vie après 50 ans n'est évidemment pas la même chose qu'à 25 ans. Votre nouvel amoureux/nouvelle amoureuse aura très probablement un ou une ex, et des enfants. Réussir son couple ne sera pas le seul enjeu. Il faudra apprendre à composer avec la recomposition : avec les beaux-enfants (même s'ils ont quitté le nid familial), les nouveaux amis, le mode de vie de l'autre forcément bien établi, ses habitudes bien ancrées aussi, son passé plus ou moins douloureux, et forcément son ex.

Une nouvelle rencontre peut donc être l'opportunité de vivre différemment. Être en couple tout en vivant chacun de son côté est aujourd'hui une pratique assez répandue. Pour s'aimer, est-il nécessaire de tout partager ? D'après un sondage, une personne sur quatre vivant seule déclare avoir une relation stable avec un partenaire. Ne pas vivre sous le même toit est parfois le choix de ne pas imposer à ses enfants cette nouvelle relation, ou inversement une manière de préserver l'histoire qu'on est en train de construire. C'est pour d'autres une nécessité pour se reconstruire, une peur de revivre des souvenirs douloureux, un moyen de se préserver avant de reprendre complètement pied. Ceux qui revendiquent le « chacun chez soi » apprécient la liberté que ce rythme de vie procure, et l'absence de routine qui en découle. De chaque moment partagé, on ne garde que le meilleur. Et on protège ainsi son besoin d'indépendance sans blesser l'autre. Bien sûr, ce mode de vie exige des compromis. Cela implique un immense respect et une grande confiance en son/sa partenaire. Quel que soit le mode de vie que l'on choisit, communiquer sur les attentes mutuelles et accepter les incompréhensions ou divergences sans remettre en cause la relation contribue à l'harmonie et à la réussite d'une nouvelle relation.

Avancer à deux, c'est faire des choix en prenant en compte les envies de chacun. C'est faire des concessions mutuelles sans arrière-pensée pour être heureux ensemble et préserver sa relation avec l'autre. Arrivé un certain âge, on ne change plus, alors mieux vaut s'adapter. Prendre les bons moments ou les plus compliqués pour ce qu'ils sont : des moments de vie. On le sait, on l'a vécu : l'extraordinaire, les paillettes n'ont qu'un temps. Alors pourquoi ne pas profiter de ce nouveau départ pour apprendre à vivre le quotidien, la routine plus sereinement, et se réjouir de tous les moments que la vie nous offre ?

« L'EX-FEMME DE MON EX-MARI

Je me suis mariée à 20 ans, j'ai eu deux enfants. Mon ex-mari me trompait souvent et je le savais. J'en souffrais, mais la contrepartie d'une vie familiale apparemment parfaite et mon éducation m'empêchaient de réagir. Il rentrait tard, partait en voyage, et j'avais souvent connaissance de son infidélité par des indices évidents comme du maquillage laissé dans sa voiture, des appels téléphoniques interrompus, des fleurs qui m'étaient envoyées par sa secrétaire par erreur mais destinées à une certaine Justine (« pour la merveilleuse nuit passée ensemble »). Un soir, à la suite de cette goutte d'eau de trop qui a fait déborder le vase de ma tolérance, alors qu'il était tranquillement installé sur le canapé, je me suis assise sur l'accoudoir et lui ai calmement dit : « Et si on divorçait ? » « Si tu veux », m'a-t-il répondu. Six mois plus tard, nous étions divorcés. J'ai élevé mes enfants seule avec un père absent, mais présent pour la parade sociale. Il n'y a jamais eu de problèmes de pension, de déchirement, plutôt une entente distante, respectueuse mais dénuée d'affect. Des années plus tard, il s'est remarié. J'ai rencontré sa nouvelle femme au hasard d'un déjeuner professionnel et, chose incroyable, nous nous sommes remarquablement bien entendues. Bien sûr, de nombreuses années s'étaient écoulées depuis ma séparation et je n'avais donc aucune raison d'être rancunière. Nous partagions des moments de complicité insolites : je gardais parfois leur fils, je venais dans notre belle-famille commune fêter Noël avec mes enfants et le leur. Nous passions parfois des vacances tous ensemble et formions une drôle de famille recomposée. Puis il a reproduit le même schéma avec elle, fait de négligence et d'irrespect. Ils ont divorcé. Aujourd'hui, elle et moi nous voyons toujours. Notre entente repose sur des valeurs communes et un même constat : nos mariages ont été des semblants de mariage. Donc pas de regrets. Nous sommes solidaires de nos blessures passées, sans rancœur. Nous avons des enfants merveilleux, aujourd'hui adultes et eux-mêmes parents. Ils ont toujours été notre priorité. Nous les avons élevés dans le respect de leur père, avec ses qualités et ses défauts. Nous avons en commun une envie de vivre, d'être heureuses et avançons dans la vie avec une énergie positive sans faille.

Ce type de bonnes relations entre l'ex et la *next* est très rare. En effet, quand l'ex-partenaire a une nouvelle relation, il est souvent difficile de l'accepter, même si ce n'est pas la cause de notre séparation. Suis-je interchangeable ? Comment a-t-il/elle pu m'oublier si vite ? Nous vivons cela comme une trahison. Blessure d'ego, jalousie, regrets, perte de confiance en soi : beaucoup d'émotions que l'on croyait oubliées peuvent resurgir. On peut aussi éprouver un sentiment de soulagement. Il/elle est passé(e) à autre chose, et nous aussi.

En tout cas, cette situation nous ouvre les yeux : c'est vraiment fini. Ne perdons pas notre temps et notre énergie à nous focaliser sur cette réalité. Nous ne pouvons pas revenir en arrière. C'est la vie, c'est sa vie, c'est leur vie. Recentrez-vous plutôt sur l'essentiel, votre vie !

AU NOM DE LA VÉRITÉ

« Non mais tu te rends compte, il est resté avec elle alors qu'il était homo. » « En fait, il a menti toute sa vie. » « Ses pauvres enfants, comment veux-tu qu'ils s'en sortent ? » « Et pour Sophie, c'est encore pire. » Tellement facile d'imaginer tous ces commentaires. Ce qui m'aurait surpris c'est qu'on dise : « Il a osé, il assume son homosexualité, il est dans le vrai, il en a ! »

Pendant vingt-cinq ans, Sophie et moi avons vécu une relation de couple tout à fait classique, y compris sur le plan sexuel. Et puis, lors d'une réunion professionnelle, j'ai rencontré Martin. Bam, un vrai coup de foudre. Je pensais à lui jour et nuit, je ne pouvais plus toucher Sophie. Au début, déchiré entre l'amour que j'éprouvais pour Martin et l'amour que j'ai pour ma famille, je suis passé par des étapes de refoulement et de déni. Si j'avais toujours entendu qu'on porte tous en nous une part d'homosexualité, je ne me sentais pas du tout concerné. Il n'y avait jamais eu de signe avant-coureur.

Impossible de mentir à ma femme et à mes enfants. Impossible de faire souffrir Martin. J'ai donc décidé d'assumer et de tout dire. Nous avons beaucoup parlé, il y a eu de la souffrance, beaucoup. Sophie, malgré sa grande tristesse, m'a même confié qu'elle était rassurée de ne pas être à l'origine de notre séparation. Elle était aussi très inquiète du regard des autres et craignait que nous n'en souffrions tous. La vérité est parfois dure à dire mais il faut l'affronter. Aujourd'hui, mes trois fils, après deux années un peu compliquées, acceptent totalement mon homosexualité. Au début, je les voyais seul. Maintenant ils viennent dîner avec Martin et moi. L'aîné m'a même confié qu'il était fier de moi. Qu'il n'aurait pas supporté que je mente à leur mère. Mes fils voient leur père heureux. Leur mère aussi va bien. Mes sentiments pour mon ex-femme n'ont pas changé. Elle est et reste l'être avec qui j'ai fondé une famille, la mère de mes enfants.

Elle est très entourée. Je lui dois beaucoup. Elle n'a jamais critiqué mon choix devant nos enfants. Elle m'a même défendu, souvent. Je la remercie infiniment.
Martin et moi sommes amoureux. C'est comme ça. Aujourd'hui je suis droit dans mes bottes. Et, pour être franc, je suis fier. Exit *la culpabilité. À 50 ans, plus question de mentir, je suis ma destinée.*

Un coming out tardif est très difficile à entendre et à comprendre pour celui qui n'a rien vu venir. Pour celui qui le vit aussi. Chacun peut se dire qu'il sera plus heureux, en assumant qui il ou elle est. Un coming out, même s'il bouleverse tous les repères, est avant tout la divulgation d'une histoire d'amour simple entre deux êtres, mais dans un contexte compliqué.

« J'AI RETROUVÉ MON AMOUR DE JEUNESSE

J'ai rencontré Camille à 22 ans. Elle m'avait été présentée par Marc, un copain de fac. On se croisait souvent, on s'appréciait beaucoup. On parlait de tout, de nos petits copains ou copines, de nos études, de nos projets présents et futurs. On partait en week-end avec des copains, on faisait la fête. On était toujours heureux de se voir. On était si complices que les autres s'imaginaient soit qu'on était ensemble, soit qu'on finirait nos vies ensemble. À 25 ans, je suis parti comme volontaire au service national au Mexique. J'avais des nouvelles de Camille régulièrement, de sa vie, de ses amours, de son boulot. À l'époque, moi, je sortais avec une Mexicaine rencontrée là-bas. Puis je suis rentré en France seul et j'ai retrouvé mes potes, mais pas Camille, qui avait une nouvelle bande d'amis. Je travaillais et sortais beaucoup. Je profitais pleinement de ma jeunesse. Nous nous sommes revus quelques années plus tard au mariage de Marc. J'étais particulièrement ému de la voir car j'avais souvent pensé à elle. Mais les choses avaient changé. Nous avons parlé de notre vie, du début de notre carrière professionnelle de manière plutôt distante, presque mondaine. Par pudeur ou gêne, nous n'avons pas osé parler de notre vie sentimentale comme à l'époque où nous nous disions tout. Je l'avais vue arriver accompagnée d'un type sympa, plutôt pas mal, elle avait l'air épanouie et j'en avais déduit qu'elle était en couple. Moi, j'étais venu avec la cousine de Marc avec qui il voulait absolument me caser, mais qui ne m'intéressait pas. Je suis reparti de ce mariage un peu nostalgique, me sentant étrangement seul, et surtout déçu de ne pas avoir réalisé plus tôt que Camille était la femme de ma vie. Car c'était évidemment trop tard. Elle avait l'air si heureuse. J'avais raté le coche. J'aurais dû me manifester plus tôt.

J'ai donc poursuivi mon chemin et je me suis marié avec Christelle avec qui j'ai eu trois enfants géniaux. Un mariage serein, sans passion, qui s'est terminé au bout de vingt ans aussi simplement qu'il avait commencé. Après un an de célibat assumé, une vie remplie par un boulot intéressant et par des moments sympas avec mes enfants ou de bons amis, j'ai un jour été contacté par Camille via LinkedIn. Elle me proposait de déjeuner. Habitant et travaillant à Londres, elle venait souvent voir son fils qui faisait ses études à Paris. Ce déjeuner a été irréel, un peu gênant, mais très sincère. J'étais très heureux de la revoir. Elle aussi. On a parlé du temps passé, et de la dernière fois où nous nous étions vus, de ce mariage où j'avais dû croiser son futur mari. Elle m'a détrompé : à l'époque, elle était célibataire et n'était allée à ce mariage que pour me voir. Elle m'a raconté qu'elle avait toujours été amoureuse de moi et n'avait jamais osé me le dire, pensant ce sentiment non partagé. D'autant qu'à l'époque j'étais tout le temps entouré ou sollicité… Privilégiant sa vie professionnelle, elle avait épousé sur le tard un homme qu'elle n'aimait pas, et qui l'avait rendue plutôt malheureuse. Ils avaient eu un fils « merveilleux » qui avait repoussé l'échec de leur mariage. Elle était désormais séparée depuis un an, et survivait financièrement et

psychologiquement grâce à un investissement démesuré dans son boulot.
Cette conversation a été un déclic pour nous deux. Nous nous étions toujours aimés. Et nous découvrions que nous nous aimions encore. Fort de ce constat, nous avons décidé de ne pas rater cette seconde chance. Camille a quitté son boulot et est rentrée à Paris. Bien sûr, tout n'est pas simple. Nous n'avons plus 20 ans et nous avons bien dû admettre que nous avions changé. Nos blessures, nos vies, nos frustrations nous ont laissé quelques cicatrices que nous ne pouvons pas effacer. Nous avons décidé ensemble d'accepter l'autre tel qu'il est aujourd'hui, et non tel qu'on l'avait laissé étudiant. Nous savons que cet amour est unique et qu'il mérite d'être vécu. Alors nous apprenons à concilier nos rythmes en y incluant les enfants de l'autre, nos carrières professionnelles respectives et les besoins de reconstruction et d'indépendance de chacun. Pour le moment, nous vivons chacun de notre côté. J'avais rencontré une jeune femme pétillante et confiante, j'ai retrouvé une femme blessée et trahie. J'essaie de l'apprivoiser. Nous parlons beaucoup, nous avons retrouvé la fluidité de nos échanges et la sincérité de nos conversations. On ose se parler de ce qui ne va pas sans que cela porte à conséquence. Nous rattrapons petit à petit le temps que nous n'avons pas vécu ensemble, et nous essayons de vivre deux fois plus ! Chaque moment partagé est un vrai bonheur. Nos amis nous envient. Nous réalisons la chance que nous avons. Nous sommes heureux et avons même décidé de nous remarier. Enfin, de nous marier, plutôt !

La vie offre souvent une seconde chance. À chacun de savoir la saisir. Reconstruire une nouvelle vie nécessite d'aller de l'avant sans pour autant vouloir effacer le passé, d'accepter que l'autre ait changé et de se respecter mutuellement, sans jugement.

« FAMILLE RECOMPOSÉE, 1 + 1 = 3

J'ai rencontré Sylvie à un dîner et ç'a été comme une évidence. J'étais attiré par elle, comme aimanté. Elle était gaie, et originale. Elle détonnait. Elle parlait de tout, elle était naturelle, à l'aise. Elle ne cherchait pas à séduire. Elle était juste elle, et c'est ce qui m'a immédiatement plu.

Bientôt retraité et presque grand-père, je n'étais pas prêt, du moins c'est ce que je pensais, à entamer une nouvelle relation. Mais la vie nous réserve des surprises.

Nous nous sommes vus et revus et sommes tombés très amoureux l'un de l'autre. Pourtant je n'attendais rien, je ne cherchais rien. Et elle non plus. Je venais de divorcer après des dizaines d'années de mariage, où l'amour avait cédé la place à la rancœur, aux disputes et aux violences verbales, ingrédients de notre désamour. Une nouvelle rencontre n'était pas du tout au programme. Mais l'alchimie de l'amour a vite fini par transformer ma vie.

Je vibrais en l'attendant chez moi, je guettais ses moindres réactions, je fondais en la voyant. J'étais heureux de tous nos moments passés ensemble, nos dîners, nos cinés, nos voyages, nos excursions. J'étais triste quand elle rentrait chez elle. Elle me manquait quand elle n'était pas là, on s'appelait plusieurs fois par jour.

Nous étions tous les deux blessés par notre expérience passée. Au début, nous avons eu du mal à nous dévoiler, à nous laisser aimer. En outre, nos histoires familiales et nos modes de vie fondamentalement différents étaient difficilement conciliables.

Pourtant, patiemment, nous avons réussi à construire une relation de couple à distance, fluide, faite de projets, d'échanges, d'amour, de brefs au revoir, de joie, de retrouvailles, de complicité. Nous connaissons les enfants de l'autre, mais ne partageons pas nos vies de famille. Trop compliqué. Nous nous affichons en tant que couple mais avons décidé ensemble de ne revendiquer aucune place dans la vie familiale de l'autre. Sylvie vient parfois passer quelques jours de vacances avec mes enfants et ma petite-fille,

mais ne cherche à jouer aucun rôle de belle-mère ou belle-grand-mère, si ce n'est une présence discrète et bienveillante. Et moi, je fais de même dans son clan familial en évitant de m'immiscer dans ses difficultés, sauf si elle me sollicite.
Nous vivons dans l'instant. Je suis heureux de l'avoir rencontrée et de l'aimer. Même si parfois nous avons quelques frustrations à gérer, nous sommes heureux des compromis que nous faisons, car ils sont empreints de positivité et de respect mutuel. Notre indépendance n'est pas une chasse gardée mais un trésor que nous cultivons dans le respect des attentes de l'autre.
Ce n'est évidemment pas si simple de recommencer une deuxième vie, de vivre un deuxième amour. Notre schéma de couple n'est pas classique, mais nous sommes toujours amoureux après trois ans. Ce qui vient contredire les statistiques de Beigbeder.

Vivre en couple en continuant à rester chacun chez soi, c'est être ce qu'on appelle un « célicouple » ! Même si ce mode de vie ne convient pas à tout le monde, de plus en plus de couples le choisissent pour de multiples raisons : rester autonome, respecter le besoin d'indépendance de chacun, éviter la routine, protéger les enfants, entretenir la fougue des débuts, privilégier les bons moments, ne prendre que le meilleur de l'autre (pas les chaussettes sales ou les cheveux dans le lavabo, par exemple). Cette pratique amoureuse nécessite une grande confiance en son partenaire, un immense respect de l'autre.

CONCLUSION

> Ce qui ne nous tue pas nous rend plus fort.
>
> NIETZSCHE

Lutter et s'adapter font partie de notre ADN. On n'en avait pas forcément conscience en plein cœur de la tempête, mais finalement on s'en est sorti !

Le divorce nous a changé. Ce changement n'est pas seulement venu de notre mode de vie, de notre statut : il s'est manifesté en nous. L'une des vertus principales de l'épreuve, quelle qu'elle soit, c'est qu'elle nous apprend à mieux nous connaître. Ce temps d'introspection, si nous l'avons vécu avec application et honnêteté, nous aura permis de réfléchir à notre mode de fonctionnement, à notre éducation, à nos croyances – fausses ou vraies –, à nos conditionnements.

Accueillir nos envies, nos désirs et commencer petit à petit à reprendre pied dans notre vie nous aura montré à quel point nous étions fort et capable. Comprendre qui l'on est est source de liberté et nous permet d'avancer avec confiance sur le chemin de la vie, pas à pas.

Grâce à ce chemin parcouru depuis notre enfance et lors de cette épreuve traversée, nous avons façonné notre vie intérieure. Ces dernières années, nous avons appris à donner du poids à ce qui était essentiel, à prioriser ce qui compte vraiment pour nous, à nous réjouir, à exprimer de la gratitude pour ce qui nous remplit de joie.

Vivre chaque jour comme le premier jour du reste de notre vie, penser à toujours apporter du positif dans le négatif, réinventer chaque moment et construire pas à pas, étape par étape, notre bonheur est tout ce qu'il nous reste à faire.

Le bonheur n'est pas loin !

REMERCIEMENTS

Nous remercions nos enfants, notre famille, nos amis de nous avoir aidées à traverser ces moments et à être qui nous sommes aujourd'hui.

Nous remercions nos meilleur(e)s ami(e)s, nos super cousines d'avoir toujours été là.

Nous remercions toutes les personnes qui ont répondu à notre questionnaire, et tous ceux aussi, amis et connaissances, qui ont bien voulu nous raconter leur expérience de la séparation avec sincérité et simplicité.

Toute ressemblance avec des faits et des personnages existant ou ayant existé ne sera donc pas purement fortuite, et ne sera pas que le fruit d'une pure coïncidence, puisque chacun de vous nous a inspirées !

RÉFÉRENCES

1. Échec et mat

MANSON, Jeane, 1976, « Avant de nous dire adieu ». Dans *Une Américaine à Paris*, Suzelle éditions.

BREL, Jacques, 1959, « Ne me quitte pas ». Dans *La Valse à mille temps*, Label Philips.

FABIAN, Lara, 1996, « Tout ». Dans *Pure*, Labels Polydor et PolyGram.

BÉCAUD, Gilbert, 1961, « Et maintenant ». Dans *Single*, Label Pathé-Marconi EGF 570.

BREL, Jacques, 1967, « La chanson des vieux amants ». Dans *Jacques Brel 67*, Label Barclay.

AZNAVOUR, Charles, 2000, « Nos avocats ». Dans *Aznavour 2000*, Label Universal Music Barclay.

DELPECH, Michel, 1973, « Les divorcés ». Dans *Single*, Label Barclay.

ADLER, Warren, *La Guerre des Rose* (1981), Les Presses de la Cité (1985). Adapté sur grand écran par Danny DeVito (1989).

BENTON, Robert, *Kramer contre Kramer*, film sorti en 1979 et inspiré du livre *Le Droit du père* de Avery Corman (1977).

2. La Traversée du désert

LAMARTINE, Alphonse de, 1820, « L'Isolement », *Méditations poétiques.*

SAND, George, 1866, *Monsieur Sylvestre.*

MONTAGNÉ, Gilbert, 1984, « On va s'aimer ». Dans *Liberté*, Labels Carrère et Baby Records.

SWEETBOX, 1998, « Everything's Gonna Be Alright ». Dans *Sweetbox*, Labels RCA et BMG.

BOWIE, David, 1969, « Space Oddity ». Dans *Space Oddity*, Label Philips Records.

SIMON et GARFUNKEL, 1964, « The Sound of Silence ». Dans *Wednesday Morning, 3 A.M.*, Label Columbia.

BARBARA, 1965, « La Solitude ». Dans *N° 2*, Label Philips Phonografic Industries.

3. Premières éclaircies

GUITRY, Sacha, (1922), *Une petite main qui se place*, Éditions Omnibus, 2017.

GUITRY, Sacha, 1935 (Gallimard), *Mémoires d'un tricheur*, Éditions Gallimard, Folio (1973).

GIDE, André, 1925 (La Nouvelle Revue Française), *Les Faux-Monnayeurs*, Éditions Gallimard, Folio (1977).

ARISTOTE, *Politiques*, Livre I, Chapitre II.

4. La vie est belle

MONBOURQUETTE, Jean, 2001, *À chacun sa mission*, Éditions Bayard (2012).

WILDE, Oscar, 1895, *Un mari idéal*, Éditions Actes Sud (1995).

AZNAVOUR, Charles, 1960, « Quand tu vas revenir ». Label Warner Music France.

NIETZSCHE, Friedrich, 1888, *Le Crépuscule des idoles.*

Composition et mise en pages
Nord Compo à Villeneuve-d'Ascq

#lisez! engagé
www.lisez.com
Pour plus d'information :
Imprimé sur du papier issu de forêts gérées durablement.

Achevé d'imprimer en mars 2024
sur les presses de la Nouvelle Imprimerie Laballery
58500 Clamecy
N° d'impression : 402234 - N° d'édition : C2071601

Imprimé en France

La Nouvelle Imprimerie Laballery est titulaire de la marque Imprim'Vert®